A Revolução Portuguesa

FUNDAÇÃO EDITORA DA UNESP

Presidente do Conselho Curador
Mário Sérgio Vasconcelos

Diretor-Presidente
Jézio Hernani Bomfim Gutierre

Superintendente Administrativo e Financeiro
William de Souza Agostinho

Conselho Editorial Acadêmico
Danilo Rothberg
Luis Fernando Ayerbe
Marcelo Takeshi Yamashita
Maria Cristina Pereira Lima
Milton Terumitsu Sogabe
Newton La Scala Júnior
Pedro Angelo Pagni
Renata Junqueira de Souza
Sandra Aparecida Ferreira
Valéria dos Santos Guimarães

Editores-Adjuntos
Anderson Nobara
Leandro Rodrigues

Claudio de Farias Augusto

A Revolução Portuguesa

Coleção Revoluções do Século 20
Direção de Emília Viotti da Costa

© 2011 Editora Unesp

Direitos de publicação reservados à:
Fundação Editora da Unesp (FEU)
Praça da Sé, 108
01001-900 – São Paulo – SP
Tel.: (0xx11) 3242-7171
Fax: (0xx11) 3242-7172
www.editoraunesp.com.br
www.livrariaunesp.com.br
atendimento.editora@unesp.br

CIP – Brasil. Catalogação na fonte
Sindicato Nacional dos Editores de Livros, RJ

A936r

Augusto, Claudio de Farias
A Revolução Portuguesa / Claudio de Farias Augusto ; direção [da série] Emília Viotti da Costa. – 1.ed. – São Paulo : Editora Unesp, 2011.
182p. (Revoluções do século 20)

ISBN 978-85-393-0185-0

1. Portugal – História – Revolução, 1974. 2. Portugal – História. 3. Portugal – Política e governo. I. Título. II. Série.

11-6896. CDD: 946.9044
CDU: 94(469)"1974"

Editora afiliada:

Asociación de Editoriales Universitarias
de América Latina y el Caribe

Associação Brasileira de
Editoras Universitárias

Apresentação da coleção

O século XIX foi o século das revoluções liberais; o XX, o das revoluções socialistas. Que nos reservará o século XXI? Há quem diga que a era das revoluções está encerrada, que o mito da Revolução que governou a vida dos homens desde o século XVIII já não serve como guia no presente. Até mesmo entre pessoas de esquerda, que têm sido ao longo do tempo os defensores das ideias revolucionárias, ouve-se dizer que os movimentos sociais vieram substituir as revoluções. Diante do monopólio da violência pelos governos e do custo crescente dos armamentos bélicos, parece a muitos ser quase impossível repetir os feitos da era das barricadas.

Por toda parte, no entanto, de Seattle a Porto Alegre ou Mumbai, há sinais de que hoje, como no passado, há jovens que não estão dispostos a aceitar o mundo tal como se configura em nossos dias. Mas quaisquer que sejam as formas de lutas escolhidas, é preciso conhecer as experiências revolucionárias do passado. Como se tem dito e repetido, quem não aprende com os erros do passado está fadado a repeti-los. Existe, contudo, entre as gerações mais jovens, uma profunda ignorância desses acontecimentos tão fundamentais para a compreensão do passado e a construção do futuro. Foi com essa ideia em mente que a Editora Unesp decidiu publicar esta coleção. Esperamos que os livros venham a servir de leitura complementar aos estudantes da escola média, universitários e ao público em geral.

Os autores foram recrutados entre historiadores, cientistas sociais e jornalistas, norte-americanos e brasileiros, de posições políticas diversas, cobrindo um espectro que vai do centro até a esquerda. Essa variedade de posições foi conscientemente buscada. O que perdemos, talvez, em consistência, esperamos ganhar na diversidade de interpretações que convidam à reflexão e ao diálogo.

Para entender as revoluções no século XX, é preciso colocá-las no contexto dos movimentos revolucionários que se desencadearam a partir da segunda metade do século XVIII, resultando na destruição final do Antigo Sistema Colonial e do Antigo Regime. Apesar das profundas diferenças, as revoluções posteriores procuraram levar a cabo um projeto de democracia que se perdeu nas abstrações e contradições da Revolução de 1789 e se tornou o centro das lutas do povo a partir daí. De fato, o século XIX assistiu a uma sucessão de revoluções inspiradas na luta pela independência das colônias inglesas na América e na Revolução Francesa.

Em 4 de julho de 1776, as treze colônias que vieram inicialmente a constituir os Estados Unidos da América declaravam sua independência e justificavam a ruptura do Pacto Colonial. Em palavras candentes e profundamente subversivas para a época, afirmavam a igualdade dos homens e apregoavam como seus direitos inalienáveis: o direito à vida, à liberdade e à busca da felicidade. Afirmavam que o poder dos governantes, aos quais cabia a defesa daqueles direitos, derivava dos governados. Portanto, cabia a estes derrubar o governante quando ele deixasse de cumprir sua função de defensor dos direitos e resvalasse para o despotismo.

Esses conceitos revolucionários que ecoavam o Iluminismo foram retomados com maior vigor e amplitude treze anos mais tarde, em 1789, na França. Se a Declaração de Independência das colônias americanas ameaçava o sistema colonial, a Revolução Francesa viria pôr em questão todo o Antigo Regime, a ordem social que o amparava, os privilégios da aristocracia, o sistema de monopólios, o absolutismo real, o poder divino dos reis.

Não por acaso, a Declaração dos Direitos do Homem e do Cidadão, aprovada pela Assembleia Nacional da França, foi redigida pelo marquês de La Fayette, francês que participara das lutas pela independência das colônias americanas. Este contara com a colaboração de Thomas Jefferson, que se encontrava na França, na ocasião como enviado do governo americano. A Declaração afirmava a igualdade dos homens perante a lei. Definia como seus direitos inalienáveis a liberdade, a propriedade, a segurança e a resistência à opressão, sendo a preservação desses direitos o objetivo de toda associação política. Estabelecia que ninguém poderia ser privado de sua propriedade, exceto em casos de evidente necessidade pública legalmente comprovada, e desde que fosse prévia e justamente indenizado. Afirmava ainda a soberania da nação e a supremacia da lei. Esta era definida como expressão da vontade geral e deveria ser igual para todos. Garantia a liberdade de expressão, de ideias e de religião, ficando o indivíduo responsável pelos abusos dessa liberdade, de acordo com a lei. Estabelecia um imposto aplicável a todos, proporcionalmente aos meios de cada um. Conferia aos cidadãos o direito de, pessoalmente ou por intermédio de seus representantes, participar na elaboração dos orçamentos, ficando os agentes públicos obrigados a prestar contas de sua administração. Afirmava ainda a separação dos poderes.

Essas declarações, que definem bem a extensão e os limites do pensamento liberal, reverberaram em várias partes da Europa e da América, derrubando regimes monárquicos absolutistas, implantando sistemas liberal-democráticos de vários matizes, estabelecendo a igualdade de todos perante a lei, adotando a divisão dos poderes (legislativo, executivo e judiciário), forjando nacionalidades e contribuindo para a emancipação dos escravos e a independência das colônias latino-americanas.

O desenvolvimento da indústria e do comércio, a revolução nos meios de transporte, os progressos tecnológicos, o processo de urbanização, a formação de uma nova classe social – o proletariado – e a expansão imperialista dos países europeus na África e na Ásia geravam deslocamentos, conflitos sociais e guerras em várias partes do mundo. Por toda a parte os grupos excluídos defrontavam-se com novas oligarquias que não atendiam às suas necessidades e não respondiam aos seus anseios. Estes extravasavam em lutas visando a tornar mais efetiva a promessa democrática que a acumulação de riquezas e poder nas mãos de alguns, em detrimento da maioria, demonstrara ser cada vez mais fictícia.

A igualdade jurídica não encontrava correspondência na prática; a liberdade sem a igualdade transformava-se em mito; os governos representativos representavam apenas uma minoria, pois a maioria do povo não tinha representação de fato. Um após outro, os ideais presentes na Declaração dos Direitos do Homem foram revelando seu caráter ilusório. A resposta não se fez tardar.

Ideias socialistas, anarquistas, sindicalistas, comunistas, ou simplesmente reformistas apareceram como críticas ao mundo criado pelo capitalismo e pela liberal-democracia. As primeiras denúncias ao novo sistema surgiram contemporaneamente à Revolução Francesa. Nessa época, as críticas ficaram restritas a uns poucos revolucionários mais radicais, como Gracchus Babeuf. No decorrer da primeira metade do século XIX, condenações da ordem social e política criada a partir da Restauração dos Bourbon na França fizeram-se ouvir nas obras dos chamados socialistas utópicos, como Charles Fourier (1772-1837), o conde de Saint-Simon (1760-1825), Pierre Joseph Proudhon (1809-1865), o abade Lamennais (1782-1854), Étienne Cabet (1788-1856), Louis Blanc (1812-1882), entre outros. Na Inglaterra, Karl Marx (1818-1883) e seu companheiro Friedrich Engels (1820-1895) lançavam-se na crítica sistemática ao capitalismo e à democracia burguesa, e viam na luta de classes o motor da história e, no proletariado, a força capaz de promover a revolução social. Em 1848, vinha à luz o *Manifesto comunista*, conclamando os proletários do mundo a se unirem.

Em 1864, criava-se a Primeira Internacional dos Trabalhadores. Três anos mais tarde, Marx publicava o primeiro volume de *O capital*. Enquanto isso, sindicalistas, reformistas e cooperativistas de toda espécie, como Robert Owen, tentavam humanizar o capitalismo. Na França, o contingente de radicais aumentara bastante, e propostas radicais começaram a mobilizar um maior número de pessoas entre as populações urbanas. Os socialistas, derrotados em 1848, assumiram a liderança por um breve período na Comuna de Paris, em 1871, quando foram novamente vencidos. Apesar de suas derrotas e múltiplas divergências entre os militantes, o socialismo foi ganhando adeptos em várias partes do mundo. Em 1873, dissolvia-se a Primeira Internacional. Marx faleceu dez anos mais tarde, mas sua obra continuou a exercer poderosa influência. O segundo volume de *O capital* saiu em 1885, dois anos após sua morte, e o terceiro, em 1894. Uma nova Internacional foi fundada em 1889. O movimento em favor de uma mudança radical ganhava um número cada vez maior de participantes, em várias partes do mundo, culminando na Revolução Russa de 1917, que deu início a uma nova era.

No início do século XX, o ciclo das revoluções liberais parecia definitivamente encerrado. O processo revolucionário, agora sob inspiração de socialistas e comunistas, transcendia as fronteiras da Europa e da América para assumir caráter mais universal. Na África, na Ásia, na Europa e na América, o caminho seguido pela União Soviética alarmou alguns e serviu de inspiração a outros, provocando debates e confrontos internos e externos que marcaram a história do século XX, envolvendo a todos. A Revolução Chinesa, em 1949, e a Cubana, dez anos mais tarde, ampliaram o bloco socialista e forneceram novos modelos para revolucionários em várias partes do mundo.

Desde então, milhares de pessoas pereceram nos conflitos entre o mundo capitalista e o mundo socialista. Em ambos os lados, a historiografia foi profundamente afetada pelas paixões políticas suscitadas pela Guerra Fria e deturpada pela propaganda. Agora, com o fim da Guerra Fria, o desaparecimento da União Soviética e a participação da China em instituições até recentemente controladas pelos países capitalistas, talvez seja possível dar início a uma reavaliação mais serena desses acontecimentos.

Esperamos que a leitura dos livros desta coleção seja, para os leitores, o primeiro passo numa longa caminhada em busca de um futuro em que liberdade e igualdade sejam compatíveis e a democracia seja a sua expressão.

Emília Viotti da Costa

Sumário

Lista de abreviaturas *17*

1. Portugal: de Jardim da Europa a último sonho socialista europeu do século XX *21*

2. O colonialismo tradicional extemporâneo *31*

3. 1974-1976: a Revolução dos Cravos entre o passado e o futuro *87*

4. Portugal e o seu novo futuro *167*

Referências *173*

Para a professora Célia Galvão Quirino

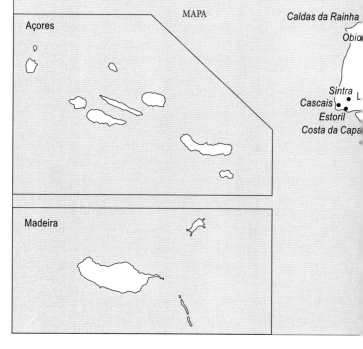

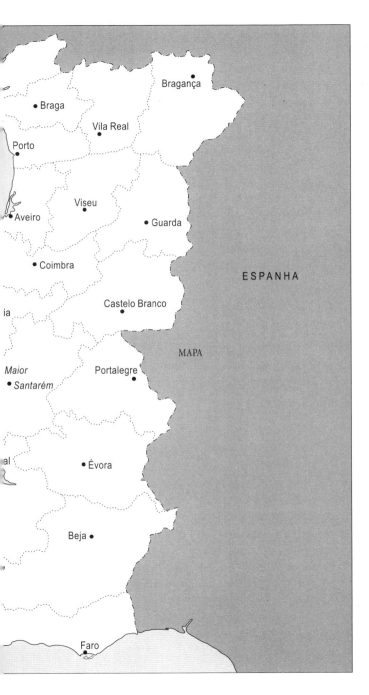

Lista de abreviaturas

AC	Assembleia constituinte
AHM	Arquivo Histórico Militar
AM	Academia Militar
AMFA	Assembleia do Movimento das Forças Armadas
AN	Assembleia Nacional
ANP	Ação Nacional Popular
AOC	Aliança Operária e Camponesa
Apodeti	Associação Popular Democrática Timorense
ASP	Ação Socialista Popular
BR	Brigadas Revolucionárias
CCMC	Comissão Coordenadora
CD25A	Centro de Documentação 25 de abril
CDS	Centro Democrático Social
CEE	Comunidade Econômica Europeia
Cema	Chefia do Estado Maior da Armada
Ceme	Chefia do Estado Maior do Exército
Cemfa	Chefia do Estado Maior da Força Aérea
CEMGFA	Comando do Estado Maior General das Forças Armadas
Copcon	Comando Operacional do Continente
CR	Conselho da Revolução
CR	Conselho da Revolução
CUF	Companhia União Fabril
DGS	Direção Geral de Segurança
EMGFA	Estado Maior General das Forças Armadas
EM	Emissora Nacional de Rádio Difusão
Epam	Escola Prática de Administração Militar
EU	União Européia

FA	Forças Armadas
FAO	Food and Agriculture Organization
FAP	Frente Ação Popular
FLN	Front de La Libération Nationale
FMI	Fundo Monetário Internacional
FNAT	Fundação Nacional para a Alegria no Trabalho
FNLA	Frente Nacional de Libertação de Angola
FPLN	Frente Patriótica de Libertação Nacional
Frelimo	Frente de Libertação de Moçambique
Fretilin	Frente Revolucionária de Timor-Leste Independente
FSP	Frente Socialista Popular
FUR	Frente de Unidade Revolucionária
GPS	Governos Provisórios
ICS	Instituto de Ciências Sociais
ICS/UL	Instituto de Ciências Sociais
JSN	Junta de Salvação Nacional
MC	Movimento dos Capitães
MDP	Movimento Democrático Português
MFA	Movimento das Forças Armadas
MFA	Movimento das Forças Armadas
MPLA	Movimento Popular de Libertação de Angola
MRPP	Movimento Reorganizativo do Partido do Proletariado
MRPP	Movimento Reorganizativo do Partido do Proletariado
OCDE	Organização para a Cooperação e Desenvolvimento Econômico
OIT	Organização Internacional do Trabalho
ONU	Organização das Nações Unidas
Otan	Organização do Tratado do Atlântico Norte
OUA	Organização da Unidade Africana
PAIGC	Partido Africano de Independência da Guiné e Cabo Verde
PC	Posto de comando
PCP	Partido Comunista Português

PCP	Partido Comunista Português
PDC	Partido Democrata Cristão
Pide	Polícia Internacional e de Defesa do Estado
PM	Polícia Militar
PPD	Partido Popular Democrático
PREC	Processo Revolucionário em Curso
OS	Partido Socialista
QEO	Quadro Especial de Oficiais
QP	Quadro Permanente
Ralis	Regimento de Artilharia de Lisboa
RTP	Radiotelevisão portuguesa
SDCI	Serviço Diretor e Coordenador de Informação
Sedes	Associação para o Desenvolvimento Econômico e Social
SUV	Soldados Unidos Vencerão
TAP	Transportes Aéreos Portugueses
TT	Torre do Tombo
UDT	União Democrática Timorense
UM	União Nacional
Unesco	United Nations Educational, Scientific and Cultural Organization
Unita	União Nacional para a Independência de Angola
URSS	União das Repúblicas Socialistas Soviéticas

1. Portugal: de Jardim da Europa a último sonho socialista europeu do século XX

> Nosso objetivo fundamental é a construção de uma democracia socialista, um tipo de sociedade como nunca existiu na nossa pátria.
> Movimento 25 de abril – Boletim das Forças Armadas, 27 de julho de 1975.

A República Portuguesa completou 100 anos em 2010. Destes, apenas os 36 últimos foram vividos num ambiente efetivamente democrático, já que, em 25 de abril de 1974, parte expressiva das Forças Armadas – encabeçada pelos lendários *Capitães de abril* – iniciou um processo de democratização, procedendo a um golpe militar e reinserindo, de forma insofismável, Portugal no mapa geopolítico europeu.

Após um momento inicial de extrema instabilidade política, António de Oliveira Salazar (1889-1970), um singularíssimo professor da Universidade de Coimbra, começara a construir em Portugal, a partir do final dos anos 1920, uma das mais duradouras ditaduras de que se tem notícia no mundo ocidental, mantendo-se no governo por quatro ininterruptas décadas e atravessando todo o pós-guerra – período em que a democracia torna-se o principal ícone da liberdade – na direção do Estado português. E durante todo o tempo em que se manteve no poder, Salazar assumiu uma postura visceralmente anticomunista, antiliberal e antidemocrática.

O processo de democratização do país, iniciado em 25 de abril de 1974, entrou para a História com o nome de Revolução dos Cravos. Tal denominação lhe foi atribuída em decorrência de um ato espontâneo: uma popular oferecera um cravo vermelho a um soldado, que, após tê-lo aceitado, coloca-o no cano de seu fuzil. A imagem desse gesto correu o mundo e produziu uma imagem indelével na memória de todos, sobretudo na dos próprios portugueses, pois sugeria que a partir daquele momento existiriam, ali, novas perspectivas de vida; um futuro com uma orientação política mais à esquerda – esperança, aliás, cultivada há tempos por uma parte considerável dos revolucionários e almejada pela sociedade recém-libertada do jugo ditatorial.

Esse sonho foi vivido até que a via democrática clássica, descendente das Revoluções do século XVIII, ocupasse o proscênio e, desse modo, interrompesse o que para muitos representava mais que um simples "rescaldo" do devaneio libertário dos anos 1960. Como se pode perceber na epígrafe deste capítulo, permanecia ainda um claro anseio de reconstrução política por parte dos militares revolucionários portugueses, pouco mais de um ano depois de eles terem tomado o poder. Intencionalmente ou não, esse desejo de renovação guarda o cerne de notáveis propostas de definição de revolução política postuladas por pensadores clássicos de diferentes matizes: de Karl Marx (1818-1883) à Hannah Arendt (1906-1975), passando por Alexis de Tocqueville (1805-1859), procurou-se demarcar o fato de que a vida das sociedades que haviam sofrido uma experiência revolucionária constituía-se como algo totalmente inédito.

Sob essa ótica, e no ímpeto da construção de uma democracia socialista em Portugal, a partir de 25 de abril de 1974, inicia-se uma nova vida ali – com a crença de que disso resultaria uma "sociedade que nunca existiu" em terras lusitanas. Essa perspectiva permitira àquele país procurar uma institucionalização política apoiada em bases há muito instituídas como universais, além de passar a conviver com um imaginário político moldado por experiências sociopolíticas e econômicas consagradas, sobretudo, pelo século XIX – particularmente, a democracia pluripartidária e o socialismo. Naquela época, Portugal constituía-se em um verdadeiro "laboratório político", já que ali buscava-se construir um futuro inteiramente distinto de seu passado recente, e esse propósito, levado adiante inicialmente por uma parcela dos militares (legitimada por enfrentarem na frente de batalha as dificuldades e angústias de uma anacrônica guerra colonial), arrebatou a sociedade portuguesa ao longo de dezenove longos meses.[1]

Para entendermos a Revolução dos Cravos e suas limitações, todavia, é necessário examinar a política colonial de Salazar, que, de certa forma, foi a principal dinamizadora. Com a ascensão do catedrático português ao poder, iniciou-se a trajetória de um ditador que, depois de preparar o palco de forma cuidadosa, entrara em cena de forma definitiva em 1928, para se fazer presente por muito tempo (até mesmo depois de morto), período no qual Portugal tornar-se-ia, segundo o delírio salazarista, a cabeça de um imenso império, semeado e cultivado pela nova ordem a ser implantada no "Jardim da Europa à beira-mar plantado".[2]

Se Portugal continental era o "jardim", as colônias (particularmente na África) eram o "quintal" do império, que, a partir do final dos anos 1950, e com o início formal da guerra colonial, tornou-se uma armadilha tão monumental quanto as barragens edificadas pela competente engenharia portuguesa em solo africano. Dessa delicada "questão colonial", contudo, não trataremos em detalhes aqui, sobretudo do ponto de vista dos colonizados a esse respeito; entretanto, buscaremos indicar o "ambiente" resultante desse dramático e maculador episódio da vida do país e a dimensão de sua influência na Revolução, pois esta é proporcional ao enorme problema que a guerra se tornou.

Na trajetória do salazarismo há dois pontos fundamentais, além das questões específicas envolvendo o continente

---

[1] Entre 25 de abril de 1974, quando iniciou-se a tomada do poder, e 25 de novembro de 1975, quando uma fração militar moderada apoiada por instituições da sociedade civil (nomeadamente, os partidos políticos com discreta inclinação socialista e os de centro) assume o controle militar e político da Revolução.

[2] Alusão a um verso do poeta português Tomás Ribeiro (1831-1901) no poema "A Portugal", e que foi apropriado pelo regime salazarista para divulgação do país, principalmente no exterior.

africano: a proposta, e posterior edificação, de uma estrutura estatal corporativa (que se inicia em 1933 e cujo objetivo era dar conta da ordem econômica da sociedade e do Estado, com lastreamento no permanente discurso de que se almejava o equilíbrio entre o poderio do capital e a força de trabalho – problema, aliás, recorrente nas sociedades capitalistas e que se agravará sobremaneira no Ocidente a partir da segunda metade dos anos 1960), e a face política desse projeto, consubstanciada na edificação do Estado Novo – expressão que traduz uma experiência autoritária de governo. O corporativismo adotado nasceu de uma adequação do fascismo italiano (que tanto deslumbrava Salazar) em Portugal, e essa "adaptação" pode ser considerada bem-sucedida até certo ponto, uma vez que amordaçou e enredou as sempre conflitantes relações trabalhistas num ambiente capitalista: a partir da total submissão de patrões e empregados (de forma diferenciada, naturalmente) e, sobretudo, da subserviência do funcionalismo público a uma complexa malha burocrática. Esta, inclusive, foi constituída em forma de cone e rigidamente comandada a partir de seu vértice – o engenheiro-arquiteto Salazar – que, quando aludia ao órgão máximo do sistema (a Câmara Corporativa), não deixava dúvidas quanto à sua primazia diante da AN.

Acrescentemos a esse fator (para que possamos entender o propósito do ditador português), a existência de um desejo de controle extremo da vida dos cidadãos portugueses, o que podia ser constatado pela existência de órgãos como a FNAT – entidade que objetivava o monitoramento da vida dos trabalhadores fora de suas atividades de âmbito profissional. Observamos aí que Salazar, até mesmo com certa dose de ingenuidade, acreditava que projetos nacionais deveriam ser traçados e levados adiante de forma totalmente independente, e que cada Estado deveria ter total domínio de sua própria "vida política". Foi exatamente isso que ele se propôs a fazer em Portugal e, como resultado, produziu um total isolamento internacional do país.

A Revolução dos Cravos, desta feita, surpreendeu o mundo, em parte por ter sido deflagrada por intermédio de uma mobilização do exército, que se alinhara na contramão dos movimentos militares da época, seguindo a pista da democracia. Exaustas e escarnecidas, por estarem na linha de frente da insensatez promovida pelo regime salazarista, as Forças Armadas tomaram o poder, depondo, na sequência, o presidente Américo Tomás e o primeiro-ministro Marcello Caetano – antigo colaborador de Oliveira Salazar e seu sucessor (a partir de 1968) na presidência do então Conselho de Estado, posto ocupado pelo efetivo condutor do país.

Nosso ponto de partida aqui (algo mais contestado que se pode imaginar) é de quando o MFA, responsável pela efetivação da tomada do poder, propôs-se logo na primeira hora a reincorporar ao cotidiano político português os partidos políticos, sem distinção de matiz – do maoísmo ao monarquismo. Dessa forma, surgiram condições não só para o retorno de líderes exilados (viabilizando o reaparecimento de partidos proscritos pelo salazarismo, alguns deles clandestinos, inclusive), como também para a formação de novas organizações políticas. A essa conjuntura, e desde o primeiro Governo Provisório, incorporam-se ainda algumas associações e líderes políticos, além de representantes da sociedade civil que também passaram a ocupar funções no governo e mesmo à frente de ministérios. Com isso, uma tensão incomum instalou-se na vida política portuguesa ao longo dos primeiros meses da Revolução, ocasionada e agravada fundamentalmente pela incongruência entre o compromisso de se implantar uma democracia multipartidária após a tomada do poder e as progressivas (e nem sempre claras) tentativas de institucionalização, posteriores ao próprio Movimento (quase sempre sob a alegação de ameaças de contragolpes). Esse compromisso, de resto, fora assumido desde o primeiro comunicado do MFA à nação e ratificado pelo comprometimento de convocação de eleições para uma AC – o que estava expresso no próprio programa do Movimento.

Tal ponto de vista nos obriga, entretanto, a nos preocuparmos preliminarmente com uma dimensão mais abrangente, isto é, com o caráter da mudança ocorrida, uma vez que houve ali um golpe de Estado. Embora o desenrolar dos acontecimentos, nos dias subsequentes, tenha ocorrido num ambiente de particular e contagiante harmonia entre os militares e a população (uma rara experiência histórica), os meios empregados para a mudança política não permitem que a classifiquemos como o que hoje se pode considerar uma clássica transição para a democracia, pois esta, via de regra, ocorre sob a orientação de um grande entendimento entre os principais atores políticos.

Dessa forma, e para uma análise específica do caso português, deveríamos questionar previamente se houve ou não uma verdadeira revolução em Portugal; ou melhor, se a rebelião militar ocorrida em abril de 1974 gerou efetivamente um *período de libertação* – o que acreditamos poder responder positivamente, sobretudo após a exposição que efetuaremos adiante, no Capítulo 3 deste livro, em que discorreremos sobre o período que finda em 25 de novembro de 1975, data em que ocorre outro episódio militar determinante para o futuro da Revolução.

Partindo dessa premissa, inicialmente identificamos a tomada do poder pelos militares, em 25 de abril, como uma rebelião: atentos ao fato de que, como afirma Arendt (1971), a *libertação* não conduz necessariamente à *liberdade*; e para que isto ocorra, segundo ela, é necessário fazer coincidir esta última com a experiência de um novo princípio. E afirmamos que, de fato, houve um novo princípio em Portugal. Dessa forma, fundou-se um novo poder político e uma nova era para o país, e essa experiência coincidiu com o exercício da liberdade, colocando os portugueses diante de uma revolução, pois, neste caso, o período de libertação consolidou a opção pela liberdade. Compartilhando ainda com Arendt (1971) a opinião de que os conselhos são efetivamente instituições originárias da tradição revolucionária europeia (como os constituídos nas Comunas parisienses), sustentamos que na mudança política ocorrida em Portugal, em 1974, manteve-se – ainda que sob condições especiais – essa tradição, especialmente quando a AMFA tornou-se o órgão máximo da soberania no país, detendo, de direito e de fato, o poder soberano – pelo menos até a criação do CR, em março de 1975, o qual também podemos considerar um (segundo) conselho –, porém bem mais restrito.

Devemos observar, no entanto, que a visão arendtiana é acompanhada por certa desilusão, que a fazia acreditar que as revoluções do século XX levaram inevitavelmente à restauração ou à tirania. No caso português, como verificaremos, essa última possibilidade pode ser previamente descartada – principalmente pelo contraste entre o rumo tomado pela mudança e as características autoritárias do regime derrubado em 25 de abril de 1974. Resta-nos, então, como hipótese alternativa, a admissão de que ali efetivamente houve uma revolução, de início, e que ela foi seguida por uma restauração, algo entre um sonho e o desejo de implantação de ideais políticos nunca antes experimentados pelo país.

Por sua vez, quanto ao MFA propriamente dito, buscamos verificar a fonte de sua legitimidade e, desse modo, perscrutamos as causas de sua criação, constituição e suas sucessivas reestruturações. Já com relação aos partidos, observamos o desempenho daqueles que participaram dos Governos Provisórios, suas atuações na Constituinte e, principalmente, a trajetória das legendas à esquerda do PCP, pois estas tiveram participações singulares, diretas e indiretas, em ambos os foros. Por fim, avaliamos, na relação estabelecida entre o MFA e esses partidos, sua influência na dinâmica do Movimento e das decisões (coletivas?) na Assembleia, assim como verificamos se o MFA chegou a se constituir em um significativo canal de expressão da população e de suas organizações tradicionais na sociedade civil (como são os sindicatos, por exemplo, que, pela própria natureza de sua constituição, levam mais tempo para serem criados ou reestruturados), ou se ele serviu apenas de trincheira institucional para grupos e segmentos partidários não representativos.

Hannah Arendt acompanhou da Europa (durante o verão e o outono que antecederam sua morte súbita, em dezembro de 1975) a situação política em Portugal, com o mesmo interesse com que seguira vinte anos antes a situação na Hungria. Ela lia avidamente jornais alemães e franceses e "mantinha sobre a revolução portuguesa a mesma admiração e o mesmo entusiasmo que desfrutava ao ler o 'bom velho Kant'" (Young-Bruhel, 1982, p.466), forma como a filósofa alemã referia-se a este pensador que fizera várias anotações pessoais a respeito da Revolução Francesa (que considerava, aliás, o manancial das revoluções modernas). Arriscamo-nos a crer que tamanho interesse de Arendt pelo movimento lusitano deveu-se, sobretudo, pelas especificidades apresentadas pelo processo de legitimação e institucionalização da Revolução Portuguesa, entre abril de 1974 e novembro de 1975, e mesmo pela certeza de que houve uma revolução em Portugal, pois principalmente o MFA – com suas Assembleias – cumprira o papel que outrora fora desempenhado pelos conselhos em revoluções europeias.

No que diz respeito aos primórdios da Revolução, pensamos que a análise dos principais documentos produzidos pelos diversos atores políticos permite-nos avaliar os impasses e as vicissitudes a que o país ficou implacavelmente submetido. Percebemos que nos dois momentos, e por razões distintas, as forças políticas da sociedade civil portuguesa não se mostraram suficientemente expressivas para atuarem diretamente sobre a base detentora do poder político, pois este foi fortemente centralizado pelo núcleo revolucionário militar, principalmente pelo Conselho da Revolução.

Com esses objetivos, iniciamos o Capítulo 2, abordando a marcha da Revolução e ressaltando as dificuldades institucionais impostas a ela, a partir da análise de uma sequência de atas de reuniões do CR e algumas da AMFA, pois julgamos que elas expressam bem os anseios e vicissitudes vividos pelo núcleo decisório do movimento nas tentativas de institucionalização do novo poder político, para que fosse possível absorver as demandas da sociedade renovada, o rumor das ruas. A última seção desse capítulo visa evidenciar características específicas da Revolução.

Para a reconstituição dos eventos militares que desencadearam a Revolução dos Cravos, as fontes mais importantes encontram-se no principal acervo sobre a Revolução, localizado na Universidade de Coimbra, no CD25A; no rico material disponível na Universidade de Lisboa, no ICS/UL, particularmente sobre a guerra colonial; no AHM e, finalmente, na TT, que abriga o Arquivo do Conselho da Revolução, onde estão as atas de suas reuniões, assim como documentos e registros de diversas ordens. O maior problema refere-se exatamente às atas das Assembleias do MFA , pois a documentação disponível sobre elas é mínima, constituindo-se em um mistério, com variadas versões. A primeira hipótese sugere a inexistência de registros sistemáticos, o que julgamos totalmente improvável, tendo em vista o que elas representavam para a governança revolucionária – consta ainda que as Assembleias chegaram a ser gravadas. Outra hipótese aventa para a possibilidade de perda, o que é evidentemente possível, mas pouco provável, considerando-se o que elas representavam historicamente. E, por último, a hipótese que julgamos mais pertinente (particularmente após tentarmos contatos com alguns oficiais e históricos capitães): a de que as atas foram guardadas por algum "zeloso" militar, uma espécie de "fiel depositário da História", tendo em vista que a própria composição e o clima de quase todas as Assembleias desafiavam, e até mesmo quebravam, a todo momento, a imprescindível hierarquia do meio – e esse registro poderia, de alguma forma, macular de modo indelével as Forças Armadas, os registros históricos da Revolução dos Cravos e o futuro do próprio país.[3] Vale lembrar que a Península Ibérica propiciou num intervalo de 40 anos, e pelo menos a certos segmentos de esquerda europeia, os dois últimos sonhos socialistas do século XX: a Guerra Civil Espanhola e a Revolução dos Cravos.

---

3 Sobre essa questão, registra-se a afirmação de Aniceto Afonso, um ativo capitão participante da Revolução, em texto de 1985: "É possível reconstituir o movimento dos capitães [precursor do MFA], quer em termos de composição, quer na determinação da sua natureza sociológica. Não é possível fazer isso com o Movimento das Forças Armadas" (Apud Ferreira, 1996, p.306).

Finalizando essa síntese preliminar, não poderíamos deixar de registrar o nosso reconhecimento aos que viabilizaram a realização deste trabalho, que, na verdade, iniciou-se em Portugal, nos idos de 1974-75, em plena Revolução dos Cravos: à professora Célia Galvão Quirino, pela orientação e compreensão; ao professor Renato Lessa, pelo apoio que sempre permeou a amizade de décadas; ao professor Manuel Villaverde Cabral, pelas valiosas observações e pela atenção em Lisboa; ao Departamento de Ciência Política da Universidade Federal Fluminense, que no momento oportuno propiciou-me as necessárias condições; à USP, pelo acolhimento; à Capes, que tanto viabilizou o reinício dessa pesquisa como possibilitou nosso retorno a Portugal para sua ampliação; ao ICS da Universidade de Lisboa, pelo suporte estratégico; ao CD25A, da Universidade de Coimbra, pela simpática acolhida para a complementação da pesquisa; ao *capitão de abril* Vasco Lourenço, pela longa e elucidativa entrevista; ao professor Claudio Vouga, pelo primeiro norte institucional; à professora Maria Tereza Sadek e ao professor Cláudio Couto, pela atenção e pelas contribuições; à professora Emília Viotti da Costa, pela atenção, paciência e pelo acolhimento da proposta deste livro; à Fundação Calouste Gulbenkian, que se fez presente no próprio ano de 1974; aos professores e amigos portugueses Manuela e Fernando, que conheceram bem a ditadura salazarista, pelas conversas portuguesas; e, também, à professora Maria das Graças de Moraes Augusto, por tudo.

2. O COLONIALISMO TRADICIONAL EXTEMPORÂNEO

> O liberalismo, como grande princípio orientador da economia nacional ou internacional, e a confiança em sua virtude para uma espécie de ordenamento espontâneo da vida econômica morreram: os acontecimentos estão procedendo ao seu enterro, por não haver esperanças de ressuscitar. [...] Nós procuramos fugir ao socialismo e ao comunismo por meio das corporações, aplicando o princípio da organização corporativa não só à agricultura, comércio e indústria, isto é, a atividades direta e puramente lucrativas, mas a atividades espirituais e morais que com elas coexistem e têm na vida tanta importância, pelo menos, como o pão do corpo.
> António Oliveira Salazar. Discurso *Os princípios e a obra da Revolução no momento interno e no momento internacional*, transmitido pela Emissora Nacional, em 27 de abril de 1943.

Os portugueses foram os primeiros colonizadores europeus a pisar em solo africano e os últimos a deixá-lo. Uma Revolução que implodira o império ultramarino português – edificado, em parte (e de forma ficcional), pelo regime salazarista – levara-os a isso, sem que nem ao menos tivessem colhido os frutos (que seriam igualmente amargos para os colonizados) da transformação de sua dominação colonial tradicional numa forma mais refinada, em moldes, de fato, imperialistas. Como se não bastasse a extemporaneidade e a fragilidade da situação colonial em si,[1] deteriorava-se também sua anacrônica sustentação

---

1 A situação colonial portuguesa pode ser bem avaliada pela incisiva declaração, em 1974, de Agostinho Neto, poeta, líder do MPLA e, após

ideológica, de modo que esta acabou por determinar a opção pela guerra colonial, a partir de março de 1961, e, o que é pior, por sua manutenção prolongada em um momento já bastante distante das sutis inflexões adotadas por outros colonizadores clássicos (França, Inglaterra, Alemanha e Bélgica) como complemento do acordado na partilha realizada na Conferência de Berlim (1884-1885), durante a qual a guerra em terras d'além--mar teve início para Portugal.

António de Oliveira Salazar dedicou especial atenção a *seu* império durante os longos quarenta anos em que esteve no poder. A política colonial portuguesa, imposta por um Estado autoritário – gestado em um ambiente decorrente de um golpe militar na frágil política republicana –, imprimiu um nível de repressão política equiparável às experiências fascistas e totalitárias e foi construído, metódica e detalhadamente, como uma obsessão. As diretrizes governamentais coloniais portuguesas caracterizaram-se, nos quatro primeiros séculos, pelo parasitismo primário do colonizador e, em seu último século, pelo crescente arrendamento de seus domínios no território africano (constituídos por Angola – com seu rico e cobiçado enclave de Cabinda –, Cabo Verde, Guiné-Bissau, Moçambique e São Tomé e Príncipe) ao capital internacional. No que diz respeito tanto ao salazarismo quanto à patética política colonial desse período, eram os militares – e particularmente o Exército – que estavam sempre no centro de tudo.

Marcello José das Neves Alves Caetano, o atemorizado sucessor de Salazar, não teve competência política – se é que isso

---

a independência, primeiro presidente do país: "Nenhum movimento de libertação poderá alguma vez aceitar o projecto de federação dos territórios africanos com Portugal. Fomos colonizados desde 1482 e isso chega. Queremos a nossa independência completa" (apud Woollacott, 1983. p.1143). Essa declaração foi proferida, em maio de 1974 pelo líder do MPLA, quando a independência das colônias ainda não estava claramente definida, dada as vicissitudes iniciais do processo revolucionário, provocadas fundamentalmente pelos interesses, nacionais e internacionais, em jogo no âmbito da independência das colônias, particularmente, de Angola.

seria possível em um quadro de total deterioração dos valores salazaristas – para imprimir reformas efetivas que garantissem a resolução da situação política interna do império, o que implicaria necessariamente a solução da questão colonial. Os rápidos desdobramentos do combate no continente africano, acrescidos de pressões políticas internas e externas que se intensificavam cada vez mais, e as não menos rápidas complicações de ordem econômico-financeira do império como um todo (em grande parte, causadas pelo próprio conflito) levaram o país a um impasse.

Por isso, a Revolução de 1974 inicia-se na Guiné-Bissau. O significativo controle de grande parte do território pelo PAIGC possibilitou, em 24 de setembro de 1973, a proclamação unilateral da independência, e a República da Guiné-Bissau passou a ser reconhecida por setenta Estados soberanos – número maior que o de Estados que reconheciam a ditadura salazarista como um governo legítimo naquele momento. Em novembro do mesmo ano, a ONU condenou Portugal pela ocupação ilegal de parte das terras guineenses, instando-o a retirar suas tropas dali imediatamente. Isso criou condições únicas para a mobilização inicial de oficiais que visavam solucionar um conflito que privara o país de uma vida política condizente com os rumos do Ocidente europeu, levando-o a uma situação deplorável e anacrônica no cenário internacional.

A crescente mobilização e implantação de núcleos de militares nas outras três colônias, visando o mesmo objetivo, faria com que esses portadores dos dramas causados pela manutenção de um projeto colonial inviável cruzassem o Atlântico, mas agora na direção contrária ao fluxo colonizador, e com o intuito de libertar o centro político do império e, consequentemente, suas colônias. Mais uma vez, os militares intervieram na vida política do país, só que desta vez para fazer, de fato, uma revolução.

A GUERRA NA ÁFRICA

A trajetória colonial portuguesa na África no último século é bem conhecida hoje. Mas já em 1963, Perry Anderson, em seu pioneiro *Portugal e o fim do ultracolonialismo* (1966), desnudava-a de forma exemplar.[2] Ancorado na noção de "colonização reflexa" (resultante da ampliação de fronteiras, principalmente de Angola e Moçambique), o autor coloca que essas colônias representavam "sobrevivências estagnadas das feitorias quinhentistas", por conta da ameaça de anexação por colonizadores concorrentes no final do século XIX. Desse modo, Anderson caracterizava o estímulo de conquista como algo "externo e artificial", e não devido a um "impulso industrial". Portugal, destituído de uma economia de caráter imperialista (por ser extremamente dependente e pobre), lança-se no início do século XX em uma ratificação de seu domínio colonial, com um projeto que exacerbou o colonialismo. Por essa razão, fora denominado posteriormente por seus críticos de *ultracolonialismo*, "isto é, a modalidade simultaneamente mais extrema e mais primitiva de colonialismo", caracterizada fundamentalmente pelo "trabalho forçado", então corrente nas colônias portuguesas.

Para Anderson (op. cit.), as circunstâncias da mudança radical ocorrida no mapa colonial português na África no final do século XIX (à revelia de Lisboa) propiciaram a "explicação básica da estrutura das colônias portuguesas" no século seguinte. Até porque os arquicolonizadores ingleses logo se contrapuseram à aspiração portuguesa de unir Angola a Moçambique, com o aval ardiloso da França e da Alemanha.

Outro aspecto realçado por esse autor, e que a partir do final do século XIX vai assumindo lugar central nesse projeto, é a presença de capital estrangeiro no seu desenvolvimento, "na forma clássica de monopólio concessionário" (1966, p.87). Este último formava o que Anderson (1966, p.94) nomeou de "condomínio encoberto", no qual Portugal era um síndico conveniente,

---

2 Por considerarmos que Anderson explora o tema com acuidade, apontando os aspectos fundamentais do desenlace da aventura portuguesa pelo mundo, nos pautaremos em sua análise pioneira sobre o colonialismo na África, acrescentando pontos que evidenciam aspectos abordados por nós mais adiante.

uma vez que, desprovido de um dos componentes básicos para a exploração colonial (a real capacidade econômico-financeira), prestava-se a manter a ordem político-administrativa – que era, diga-se de passagem, altamente onerosa em termos políticos, tanto interna como externamente. Esse "condomínio" (demonstrado pelo autor com dados e números significativos relativos ao início dos anos 1960, durante o pré-guerra) evidenciava que ainda persistia, naquela altura do século XX,

> a mesma debilidade patente na existência de desemprego branco, a mesma impotência na utilização de trabalho forçado, a mesma dependência que uma ideologia tenta compensar em vão, a mesma paralisia no fracasso do catolicismo (Anderson, 1966, p.96).

Como decorrência de tal quadro, dentre outras, há três significativas observações alinhadas pelo autor:

> (1) "as várias facetas do ultracolonialismo formam um sistema coeso, um fenômeno histórico e social único no mundo de hoje: pelo anacronismo e pela opressão"; (2) "o lugar do capitalismo estrangeiro no colonialismo português é também caso único; jamais um sistema colonial permitira tamanha despossessão desde dentro"; e (3) "setenta anos depois da Conferência de Berlim e do 'Mapa cor-de-rosa', anglo-americanos, Krupp e Péchiney prosperam no território conquistado por Couceiro e Paiva às nações rivais: Inglaterra, Alemanha e França. A aventura impossível do ultracolonialismo termina, com ironia e inevitavelmente, na sua própria e exata negação" (Anderson, 1966, p.96).

Por outro lado, Anderson aponta cinco aspectos que parecem enfeixar, naquele momento, o que ele chama de "coordenadas do conflito". Primeiro, a reprovação no cenário internacional, consumada pelo Conselho de Segurança da ONU em reunião sobre Angola (15 de março de 1961), na qual – com o voto dos Estados Unidos, que, por razões de estratégia militar comprovadas na Segunda Guerra Mundial, era um tradicional aliado português – indicava-se o início da descolonização. Em abril, uma resolução conjunta de países asiáticos e africanos reforçava a decisão do Conselho de Segurança e propunha ainda a formação de uma subcomissão para averiguar a real situação de Angola. Aprovada apenas com dois votos contrários – sintomaticamente, da Espanha franquista e da África do Sul –, a moção teve suas proposições refutadas tanto pela proibição de entrada dos membros da comissão em solo angolano quanto pela resistência de Portugal em considerar a hipótese de sair da África. Fato é que a adoção por Lisboa de uma estratégia que, já de início, não admitia qualquer solução que implicasse em descolonização,[3] o interesse difuso das potências nas riquezas da África, assim como a sucessão de outros inevitáveis problemas na ordem internacional, tal como o desafio cubano no Ocidente, fizeram com que a pressão sobre Portugal diminuísse e a questão da colonização lusitana saísse de cena praticamente sem deixar vestígios. A situação permaneceu assim e foi protegida com tal zelo que o movimento de 25 de abril foi uma surpresa para o mundo, até mesmo para as agências de segurança dos Estados do Primeiro Mundo!

O segundo ponto diz respeito ao continente africano e às consequências das diretrizes políticas adotadas por seus Estados com relação à inserção no cenário internacional. Nesse caso particular, a chamada fase de "africanização" da questão colonial (uma tentativa de equacionar os problemas e de encontrar uma solução orientada por organismos como a OUA mostrou-se logo inviável, em decorrência dos interesses e ideologias conflitantes que se sobrepunham às necessidades do próprio continente. Dentre esses fatores, destacamos particularmente a então recente independência política de alguns membros da OUA – resultado

---

[3] Até porque, desde 1951, as colônias gozavam do *status* de províncias ultramarinas, constituindo o Império Ultramarino Português, de modo que formalmente não havia o que descolonizar.

de guerras coloniais ou processos negociados,[4] que levaram a uma extrema divisão político-ideológica não só entre os novos países africanos, mas também no interior de seus estados e em suas sociedades (nos quadros político-partidários). Observemos que a multiplicidade de etnias (conformando diferentes nações dentro de um mesmo espaço geopolítico, formalizado como Estado independente) e o fato de que no final da década de 1960 a maior parte dos estados africanos tenha passado a ser governada por militares autoempossados imprimiram complexidade própria à situação daquele continente.

Em terceiro lugar, Anderson observava a dramática internacionalização do conflito, o que já parecia inevitável naquela altura, pois as relações dos diferentes países (mormente os fronteiriços) com os movimentos guerrilheiros[5] passavam inevitavelmente por Estados e potências, à direita e, sobretudo, à esquerda, financiadores, ex-colonizadores e fornecedores de suporte ideológico e militar que, pouco a pouco e pelo financiamento e fornecimento de armas, garantia-lhes a continuidade da luta.

Em quarto lugar, o autor apontava a "zona do escudo", que significava a extrema dependência econômica de Portugal frente a suas colônias, chegando mesmo a ser "maior do que a de qualquer outra potência colonial, do passado ou do presente". Este fator – que dizia respeito diretamente a "um dos mais louvados alicerces do regime de Salazar, [que] fora sempre a imensa estabilidade do escudo" – já se conformava de modo tão preocupante que, ao impor deslocamentos no inabalável câmbio

---

[4] Cf. Pacaut; Bouju, 1979, p.242-9 e Oliveira, 1996, p.245-6. Deve-se demarcar a independência da Argélia, em 1962, após uma guerra de quase oito anos contra a França, que a colocou juntamente com o FLN numa posição paradigmática para os movimentos guerrilheiros de libertação surgidos no continente, assim como conferiu-lhe expressivo espaço nas organizações aglutinadoras dos Estados africanos e, consequentemente, em negociações com as metrópoles.

[5] Sendo os principais: em Angola, o MPLA, a FNLA e a Unita – este último fundado posteriormente à publicação do livro de Anderson; na Guiné e em Cabo Verde, o PAIGC; em Moçambique, a Frelimo.

lusitano, ele provocou a necessidade de ajuda financeira (ainda que com juros altíssimos) das potências "amigas" de Portugal, que não eram outras senão as abrigadas pelo "condomínio encoberto". Anderson antevia acertadamente, embora considerasse que não viria a ocorrer, que as reservas acumuladas, os empréstimos estrangeiros e os impostos extraordinários tornariam o país capaz de "aguentar os efeitos econômicos da guerra durante bastante tempo", desde que seus efeitos indiretos (devido à onerosidade crescente da "classe com que sempre contou para a sua força política – os portugueses ricos de indústria cartelizada e o latifúndio") permanecessem sob controle, o que, de certa forma, naquele momento, ainda se mostrava bastante possível, como veremos adiante (Anderson, 1966, p.162; 165; 169 e 170).

Por fim, Anderson avalia o destino do "fascismo lusitano". Baseando-se em indícios que se mostraram insuficientes para apressar a rápida queda do regime (entre eles o desgaste no meio militar, provocado pela censura da ONU, principalmente pelo apoio americano), o autor vê na tentativa de um golpe de estado militar, planejado para abril de 1961, a prova da erosão do apoio que o governo recebia da sociedade. Essa avaliação era reforçada pela mobilização de trabalhadores e estudantes, pela organização, na Europa, de uma frente política de amplo espectro ideológico e, até mesmo, por um ataque a um quartel, no início de 1962. Tudo isso levou o autor a vaticinar de forma otimista que "o fim de uma época" estava iminente (Anderson, 1966, p.180).

Com relação a esse elenco de questões cruciais, tanto para o futuro da situação na África quanto para o futuro do próprio regime, podemos observar que Anderson, no geral, estava correto em relação a suas premissas, sobretudo quanto ao desgaste no âmbito militar. Entretanto, ele subestimou a força de que o salazarismo ainda dispunha, até porque não menciona a importância decisiva que a humilhante derrota em Goa,[6] na

---

6 Em dezembro de 1961, a Índia invadiu o enclave português de Goa e, para evitar um massacre maior do que o ocorrido, o governador-geral, desobedecendo às ordens de Lisboa, ofereceu a rendição de seu reduzido

Ásia, teve no estímulo ao nacionalismo e no ímpeto à defesa dos territórios portugueses de além-mar. Além disso, o historiador inglês ignorou o fato de que importantes segmentos do círculo de poder consideravam como possibilidade viável – e, sobretudo, desejável – a manutenção das colônias, ainda que em outras bases. De qualquer forma, e para que isso fosse efetivamente realizado, eles dependiam da manutenção do sistema colonial, principalmente no início dessa fase crítica, o que ajudou a sustentar, por causa da imbricação deste com o sistema político, o próprio regime por mais quatorze anos.

As conclusões que Anderson apresentou visavam corroborar a frase que abre seu livro, "É agora evidente que o Império português está chegando ao fim", cujo vaticínio lamentavelmente não se confirmou tão rapidamente. Contudo, o autor acertou na previsão que o fecha:

> As coordenadas do conflito são agora intercontinentais. Entre elas, um circuito elétrico e tenso foi formado. A corrente que passa através dele está aumentando constantemente. Mais tarde ou mais cedo, a voltagem será grande num de seus pontos que todo o circuito se incendiará e explodirá. Nesse momento, Portugal e as colônias serão finalmente livres (Anderson, 1966, p.184-5).

Implicitamente, Anderson aponta a indissociabilidade entre o salazarismo e a questão colonial, incluindo Portugal continental no projeto de liberdade futura, ironicamente capitaneado pelos colonizados. Em setembro de 1961 (portanto, quando os propósitos salazaristas, no sentido de manutenção do conflito, já se mostravam claros[7]), Davidson, outro estudioso da presença

---

contingente militar, motivo pelo qual foram todos acusados diretamente por Salazar de traidores da pátria.

7 Pode-se ter como parâmetro o fato de que, até o final de 1961, Portugal havia embarcado para as três colônias africanas cerca de metade do seu efetivo militar de 79 mil homens. Cf. Cann, 1998, p.25-6.

portuguesa na África, não só antecipa a previsão de Anderson como vai além, ao drama futuro dos libertadores de além-mar:

> Uma vez que consigam sua liberdade, os povos de Angola e Moçambique (e certamente também o de Portugal) precisarão do auxílio ativo do mundo exterior de diversas maneiras. Enfrentarão árduos problemas de transição. Até que isso aconteça, a questão, cuja resposta devemos procurar e depois agir de acordo com ela, é, certamente, muito simples. "Por quanto tempo ainda permitiremos que nosso bom nome seja arrastado pelas prisões de Portugal e pelo sangue e a miséria de Angola? Por quanto tempo ainda?" (Davidson, 1969, p.237).[8]

SALAZAR E A DESCONSTRUÇÃO DO FUTURO

Em 1965, quando a guerra na África iniciava sua fase crítica e já se constituía em um impasse irreversível, Salazar recebeu em Lisboa o presidente Moise Tschombé, da ainda hoje denominada República Democrática do Congo, que havia conquistado sua independência em 1960. Ao relatar seu encontro a Franco Nogueira (Ministro dos Negócios Estrangeiros, que chegava de um *tour* por Brasília, Rio, Washington e Nova York, visando conquistar aliados à causa portuguesa da guerra colonial) arrematou, respondendo sobre o que havia achado do congolês:

> Bem, muito bem informado, sensato, realista, lúcido e compreendendo que a orientação atual vai conduzir a África a um novo colonialismo muito pior do que o de hoje. Gostei do homem. Olhe, promovi-o a branco (Nogueira, 1987, p.133).

---

8 Davidson referia-se, particularmente, à possibilidade – que depois se mostrou uma certeza – de estar sendo usado armamento da Otan contra Angola, com o beneplácito de seus membros, com exceção da Noruega, que se recusara a vender armas para Portugal, por considerar "um embaraço para toda a aliança ocidental que um país-membro procure reter suas colônias pela força" (p.236).

Esse relato, visivelmente racista, talvez explique o sentimento olímpico de Salazar para com as colônias africanas e, como decorrência, seu modo de conduzir a questão colonial, especialmente na África – lugar em que nunca colocara os pés. Por isso, torna-se importante realçar alguns pontos que caracterizam a política salazarista no final dos anos 1950 e na década de 1960, quando o presente, a cada momento e cada vez mais, tornava inviável o futuro com o qual Salazar sonhara.

A trajetória de Salazar foi crivada de tentativas de golpes no núcleo do poder político e também de ações heroicas (tentativas de tomada de postos militares que, pela natureza do lastro que sustentava o governo e sua perenidade, necessariamente contavam com a presença de dissidências das Forças Armadas). Em 1958, entretanto, o sistema teve de se confrontar com uma novidade: a candidatura de um general da Aeronáutica, Humberto Delgado, à presidência da República, o que conferiu novo ânimo à oposição,[9] que tinha como principal ponto de plataforma a demissão, ou melhor, a deposição de Salazar. Não se tratava exatamente de uma novidade, em todos os sentidos, pois na eleição anterior, quando do falecimento de António Óscar de Fragoso Carmona (ex-presidente da República Portuguesa), isso quase ocorrera – não fosse uma providencial alteração constitucional que condicionava a apresentação de candidaturas à aprovação de idoneidade política do pretendente pelo Conselho de Estado, motivo pelo qual um dos pré-candidatos foi considerado inelegível e o outro, um contra-almirante, forçado a retirar sua candidatura por total falta de garantias quanto à lisura do pleito. Nesse episódio, aliás, Marcello Caetano teve

---

9 Como no caso do capitão Henrique Galvão, que, no início da década de 1950, iniciou uma série de contestações ao regime, incluindo o sequestro de um navio (o Santa Maria), no início de 1961, e de um avião da TAP, em novembro do mesmo ano, para lançar panfletos com um manifesto da Frente Antitotalitária dos Portugueses Livres no Estrangeiro sobre Lisboa e o centro-sul do país. As ações de Delgado acabaram por envolver o Brasil. Cf. Lins, 1960.

importante participação, pois, como relator do processo na Câmara Corporativa, havia argumentado favoravelmente ao sistema, considerando que o governo estava tomando

> [...] providência de legítima defesa constitucional e, ao mesmo tempo, um modo de impedir a apresentação de candidaturas fantasistas ou subversivas. [...] nos tempos presentes, a Nação não pode ficar à mercê do golpe de Estado constitucional [...]. Em Portugal já se assistiu à apresentação de uma candidatura com o programa ostensivo de utilizar os meios legais para destruir a legalidade vigente. A gravidade da luta que se trava nos dias de hoje e a irredutibilidade das concepções de vida e do Mundo que nela se opõe não permitem mais a displicente tolerância de outrora no jogo político do sufrágio. E, embora a Nação tenha respondido eloquente e inequivocamente ao desafio que lhe foi lançado em 1945, importa acautelar os interesses sagrados do país, não deixando que fiquem à mercê de um lance de dados (Apud Morais; Violante, 1986, p.129-30).

Como decorrência, em 1959, a Constituição foi alterada, tornando os futuros pleitos presidenciais indiretos. Essa medida indicava que o Estado Novo já não podia mais pretender que se vivia em um clima de certo democratismo no país, mesmo que cercado de alto coeficiente de segurança. Até porque, já em 1951, na continuação do parecer acima citado, Caetano justificava a ação controladora do governo com uma advertência que, em si, retoma as bases iniciais da recorrente discussão sobre a melhor forma de governo:

> Mas, mantendo-se o sufrágio universal, a intervenção de um órgão composto de pessoas conspícuas e experientes na seleção dos candidatos a sufragar parece até uma ideia particularmente feliz, pois representaria uma combinação entre a escolha popular e a seleção pelos melhores (Apud Morais; Violante, 1986, p.130).

É desnecessário dizer que, nesse final da década de 1950, o processo eleitoral continuou a ter sua lisura exaustivamente questionada pelos oposicionistas e, de tal forma, que logo após as eleições de junho o regime e seu construtor acabaram nas páginas do *New York Times* de forma depreciativa e denunciadora:

> [...] o general Humberto Delgado perdeu por larga margem a favor do candidato escolhido por António de Oliveira Salazar, o ditador e Primeiro-Ministro. O nome do vencedor é, por acaso, o contra-almirante Américo Tomás, mas isso não tem qualquer importância. Ele não terá qualquer poder e o Dr. Salazar podia da mesma forma ter escolhido o polícia de trânsito mais à mão (Apud Morais; Violante, 1986, p.157).

Em sintonia com parte das reclamações da oposição, mas em outro tom, dois segmentos tradicionais sustentadores do salazarismo – as Forças Armadas e a Igreja Católica – também formalizaram contestações ao regime. No meio militar, uma carta enviada ao governo, firmada pelo subsecretário do Exército e o subsecretário da Aeronáutica,[10] frisava a necessidade de,

> entre outras medidas, sanear os quadros políticos, em ordem à garantia de idoneidade política, moral e de completa independência; remodelar o Governo no sentido da eficácia; reorganização dos serviços e saneamento de funcionários ineficientes; revisão e reforço de medidas tendentes à educação da juventude; melhoria das condições de vida dos militares; amplo sistema de crítica construtiva [...] (Morais; Violante, 1986, p.157).

Apesar do clamor por um sistema mais aberto politicamente, não se reivindicava exatamente a possibilidade de formação de partidos políticos; pretendia-se, na verdade,

---

10 Kaúlza de Arriaga, subsecretário da Aeronáutica e mentor nas Forças Armadas, propunha um projeto político para Portugal que conservasse os territórios africanos em outras bases.

remodelar a ditadura, adequando-a, segundo conhecedores da situação africana, a um futuro que consideravam poder trazer algo de positivo para o império. Quanto à Igreja, era o bispo do Porto que, em carta ao próprio Salazar, criticava a sua obra maior – o Estado Novo –, acusando este de "estar divorciado do País" e protestando contra o questionamento do governo quanto à "ação da Igreja Católica e dos católicos na vida cívica e política, bem como na resolução dos problemas da comunidade portuguesa" (Apud Morais; Violante, 1986. p.157-8). Por tal insubordinação, D. António Ferreira Gomes teve que exilar-se até 1970, pois fora impedido de retornar ao país após uma viagem ao exterior.

O sistema, por sua vez, foi implacável. Delgado, que encarnou todo o simbolismo oposicionista, seria "separado do serviço" e, depois, forçado a se exilar no Brasil; consequentemente, ele acabou sendo demitido da Força Aérea e, por fim, em ação digna de intolerância totalitária, fora encontrado morto na Espanha, em abril de 1965, em circunstâncias nunca esclarecidas – até porque o governo português contou com o apoio do judiciário espanhol, tutelado pelo franquismo, e o processo aberto para apurar o caso acabou sendo arquivado, em dezembro do ano seguinte, por falta de provas.

Na sequência da década em que se instala a Guerra Fria, estrutura-se e ganha força a maior parte dos movimentos libertadores do mundo colonizado. No ano de 1958, em que a França vive, e o mundo assiste, a subida de De Gaulle ao poder com plenos poderes (num desdobramento de sua própria crise colonial) e as potências intensificam seus movimentos sobre um tabuleiro que agora é atômico, Salazar concede uma entrevista ao jornal *Le Figaro*, intitulada "Panorâmica da Política Mundial". Salazar, ignorando os últimos acontecimentos (inclusive as primeiras críticas públicas dos militares e da Igreja), reafirma ao periódico que Portugal é uma ilha de tranquilidade, incluindo-se aí os territórios africanos, em contraposição ao quadro internacional, que acreditava estar entregue tanto à sanha dos liberais e capitalistas quanto à dos comunistas. Dessa forma, ele alterava seu discurso, no sentido de reforçar pontos que atendiam às novas necessidades impostas pelo padrão democrático em vigor no pós-guerra e que se intensificaram com o embate Leste-Oeste. A essa altura, Salazar fazia questão de afirmar que Portugal não estava sob uma ditadura, mesmo porque havia uma "Assembleia Nacional eleita por sufrágio direto" (Salazar, 1967, p.39).[11]

No ano seguinte, Salazar antecipa o rumo que passaria a imprimir no tratamento da questão colonial no âmbito internacional ao abordar, na sede da União Nacional, "a posição portuguesa em face da Europa, da América e da África". Admite enfim que "literalmente a África arde; arde mesmo nas adjacências das fronteiras portuguesas" e não por "combustão interna", mas porque lhe "deitam o fogo de fora". Em seguida, ele alinha três "problemas" que julga vitais para o futuro:

> (1) "a África é o complemento da Europa, imprescindível à sua defesa, suporte necessário da sua economia"; (2) "a economia, a instrução, a organização administrativa de muitos destes povos africanos vão seguramente progredindo",

embora considerasse que não dispunham, dentre a população nativa, "nem de quadros, nem de técnicos suficientes" e nem de "capacidade econômica própria, para sustentar uma independência solvente ou progressiva"; (3) e, como consequência, acredita que "esses povos, se não puderem contar com o eventual apoio das antigas nações soberanas, têm apenas diante de si duas alternativas – a regressão ou a submissão a novos dominadores". E isso devido, então, aos gravíssimos desdobramentos que poderiam advir dessa situação, crítica, e aos Estados Unidos que não tinham até aquela altura, segundo ele, definido uma política

---

11 Observemos que, nessa época, a Assembleia Nacional funcionava, em regime normal, em legislatura de três meses por ano, iniciada em 25 de novembro. Cf. Machado; Firmino, 1952, p.52. Posteriormente, na década de 1970, cada legislatura durará cinco meses.

para a África, enquanto a URSS e os demais países comunistas já o haviam feito. Por outro lado, no plano interno, na medida em que as dificuldades se multiplicavam, "um estado forte, um governo forte tornam-se cada vez mais instantes" (Salazar, 1967, p.65-6; 73).

Tais dificuldades, que decorrem fundamentalmente de pressões políticas visando a deposição de Salazar, podem ser avaliadas por um indicador significativo do aumento da repressão, "os numerosos pedidos de asilo político em várias Embaixadas estrangeiras", particularmente nas de países sul-americanos, crescimento reconhecido pelo Ministério do Interior e que ocorre após Delgado e Henrique Galvão terem saído do país. Por outro lado, mas fator não menos preocupante para o governo, missões militares em Angola, Guiné, Moçambique e Índia concluíram pela

> necessidade de alterar a concepção do aparelho militar, assente na eventualidade de um conflito convencional e não na perspectiva de uma guerra de guerrilha, bem como de reforçar as guarnições e de modernizar o respectivo equipamento (Morais; Violante, 1986, p.163).

Na verdade, esse era o ponto de vista de profissionais da guerra procurando preservar as Forças Armadas.

O ano de 1960, a par de Portugal ter conseguido uma frágil vitória em Haia (com relação às demandas da União Indiana), evidencia nítida preocupação do governo em criar um suporte para entrar em uma guerra, afinal, ao longo do ano, em meio a rumores de agitação em Angola, unidades da Marinha e da Aeronáutica são deslocadas para o continente africano. Nesse sentido, em maio, Portugal adere à Convenção de Genebra (que visa dar proteção às vítimas e aos prisioneiros de guerra) e, não se deve desconsiderar, em novembro, adere ao FMI.

Os militares, por seu turno, continuam marcando posição no cenário africano. Em agosto, o mesmo influente Kaúlza de Arriaga expressa ao presidente do Conselho suas preocupações acerca da defesa dos territórios africanos sob administração portuguesa e solicita uma reunião do Conselho Superior de Defesa Nacional, para análise do tema e definição de responsabilidades (Apud Morais; Violante, 1986, p.168-9).

Deve-se observar que, particularmente nesse ano, ações de repressão brutal, desfechadas para aplacar sublevações em Angola e Moçambique, provocarão um número muito elevado de mortos, feridos e refugiados, algo mesmo como uma tragédia. Quanto a esse tipo de ação, a Pide cumpria importante papel.

É interessante notar também que a fração da oposição ligada a Delgado divulga um "Plano colonial da Oposição portuguesa", no qual retoma uma ideia que já circulara na metrópole. Preconizando, primeiro,

> [...] rejeitar em absoluto a política de obscurantismo, exploração e violência, exercida pelo atual Governo totalitário nas colônias [...], propõe [...] estabelecer a República Federal dos Estados Unidos de Portugal (Apud Morais; Violante, 1986, p.169).

Em novembro, Salazar – em discurso ("Portugal e a campanha anticolonialista") na AN, que o apoiará em moção posterior – aborda a cada vez mais crítica situação do país no quadro internacional. Em meio à constatação de um crescendo da crise africana,[12] ele reitera mais uma vez, de forma desconcertante, que "qualquer pessoa de boa fé pode verificar existirem paz e inteira tranquilidade nos nossos territórios ultramarinos, sem emprego da força e apenas pelo hábito da convivência pacífica". E, considerando ser o papel de colonizador uma "sina" (elevada e nobre) que os portugueses carregam, e que "a unidade da África é afirmação gratuita que a geografia e a

---

12 Há uma intensificação das atividades dos movimentos de libertação e, na sequência, uma crítica aberta à ONU, considerando-a um abrigo de agitadores e, portanto, ilegítimas suas ações em defesa dos colonizados.

sociologia desmentem", Salazar encerra como que reconhecendo o crescimento da oposição, com uma de suas frases teatrais:

> Seja, porém, qual for a evolução dos problemas internos, a Nação é uma herança sagrada e a sua integridade não poderá ser sacrificada a ódios, compromissos, ambições insatisfeitas. E para quê, meu Deus? É tão fácil ser governo e é tão difícil governar! (Salazar, 1967, p.104; 107; 94; 112).

Antes do ano findar, dirigentes nacionalistas das colônias portuguesas deram uma entrevista coletiva em Londres, acusando o governo português de intransigência, repressão política, brutalidade contra as populações etc.

O discurso de Salazar, proferido pouco antes da ONU decidir sobre a candidatura portuguesa ao Conselho de Segurança e de deliberar sobre a questão colonial no mundo, deve ser considerado mais como a resposta de um consciente futuro perdedor no fórum internacional do que a defesa de qualquer coisa, como um colonialismo com feições humanas ou algo do tipo. Em dezembro, não só Portugal é forçado a retirar sua intempestiva pretensão ao Conselho, como assiste ao estabelecimento, pelo Comitê dos Seis – do qual fazia parte e foi voto vencido –, de um estatuto para as regiões não autônomas e também, com relação específica às suas colônias, recebe em plenário uma censura aprovada por grande maioria, da qual constava que a negação da autodeterminação, da forma como definida pelas Nações Unidas, constituía-se em "uma ameaça ao bem-estar da humanidade e à paz internacional" (Apud Morais; Violante, 1986, p.170).

A pergunta feita por Salazar ainda nesse discurso – "quem são os futuros colonizadores?" –, juntamente com sua própria explicação – "[...] numa palavra e essa palavra é Angola" –, seriam suficientes para justificar o fato de ele ter assumido a pasta da Defesa Nacional em abril de 1961, não fosse a crise estabelecida em função de um pedido do ministro demissionário, Botelho Moniz, ao presidente da república no sentido de que Salazar fosse destituído da chefia do governo em nome do "interesse nacional". Na verdade, tratava-se de mais uma tentativa de golpe palaciano, que entrou para a história como "Abrilada", iniciado com uma longa carta enviada pelo ministro a Salazar, na qual é exposto claramente, com contundentes observações, o caos em que se encontrava Portugal:

> A gravidade do atual momento político internacional enche de preocupação o País, ao que as Forças Armadas não podem ser indiferentes e, antes pelo contrário, vivem intensamente as dificuldades que de todo o lado surgem [...]. Dia a dia, a situação tem-se agravado e deteriorado de forma que em minha opinião, só um choque psicológico de envergadura poderá desanuviar o ambiente político nacional e o pesado clima internacional [...]. Julgo que se torna necessário reforçar a unidade nacional, alargando o âmbito da cooperação ao maior número dos que, acima de tudo, querem servir ao País, pondo de parte todas as razões que nos dividem, tornando-se assim necessário encontrar um vasto campo de entendimento comum que nos não separe por razões mesquinhas.
>
> O quadro político da atual Situação é muito estreito e tem-se sucessivamente apertado, estando hoje confinado a valores políticos gastos e, em muitos casos, sem idoneidade moral bastante que se imponha [...]. É sentimento geral que a ação política da nossa diplomacia desde há muito tempo se revela inadequada e que os fatos demonstram não ter estado à altura da sua missão histórica [...]. No que mais diz respeito às Forças Armadas, a situação destas é angustiosa e caminhamos para uma situação insustentável, onde poderemos ficar à mercê dum ataque frontal, com forças dispersas por quatro continentes, sem meios bastantes e com uma missão de suicídio da qual não seremos capazes de sair, uma vez que a política lhe não encontre solução nem parece capaz de procurá-la (Apud Morais; Violante, 1986, p.174).

No encerramento de seu discurso, o ministro coloca-se como porta-voz de muitos outros membros das Forças Armadas. É interessante notar que o então coronel e partícipe da Abrilada Costa Gomes (que cumprirá um papel fundamental, já como general, nos dois primeiros anos da Revolução de 1974) manifesta-se em carta ao jornal *Diário Popular*, após Salazar ter contornado a situação, afirmando que a questão que envolve todas as províncias africanas não é simples, pois trata-se de um "complexo de problemas, do qual o militar é uma das partes que está longe de ser a mais importante [...]".

Este ano de 1961 assistirá, particularmente no final, questionamentos ruidosos à própria democracia ocidental pelo mundo afora. O Episcopado Português emite nota de total apoio às ações do governo e à "missão evangelizadora e civilizadora" de Portugal nas colônias, condenando a "anarquia das ideias" por qual considerava passar o Ocidente (Apud Morais; Violante, 1986, p.172). Por outro lado, em maio (isto é, pouco depois do Conselho Superior Militar decidir enviar imediatamente reforços para os efetivos militares em Angola), o governo quebra o rigor em torno da escrita orçamentária – eterna peça de resistência da propaganda salazarista – e decreta que as despesas a ser realizadas pelo Fundo de Defesa Militar do Ultramar passarão a estar isentas de visto do Tribunal de Contas.

Um mês depois, como resposta indireta aos acontecimentos de fevereiro e março em Angola – que viriam a se tornar o marco inicial da guerra colonial –, Salazar volta a bater na tecla das Nações Unidas. Em um discurso proferido em sessão extraordinária da AN ("O Ultramar Português e a ONU"), ele acusa diretamente os Estados Unidos[13] de estar conquistando votos russos para questões de seu interesse às custas de um inexistente problema nas colônias portuguesas. Após condenar o que denuncia como uma interferência notoriamente subversiva da URSS na África, referindo-se ao pesado encargo que foi "imposto" ao país por ter que "debelar o terrorismo" nas províncias

---

13 Em março, os Estados Unidos haviam votado contra Portugal e, em sintonia com a URSS, a favor da apreciação, pelo Conselho de Segurança, da situação em Angola.

ultramarinas, o ditador português conclui que a implementação de qualquer "programa de fomento" (fundamental para estratégia de defesa e salvaguarda dos territórios) só seria possível com "suprimentos externos". Desse modo, anunciava Salazar uma revisão considerável de sua posição quanto à aceitação de capital estrangeiro nas colônias.

Vale observar ainda a estranha forma com que, mais adiante, e menosprezando outras alternativas políticas, Salazar inverte a questão angolana, pois não tem pejo ao afirmar que:

> Ouço às vezes falar de soluções políticas diferentes da nossa solução constitucional e possivelmente inteligíveis em séculos vindouros. Não desperdicemos tempo a apreciá-las, porque o essencial agora é o presente, e o presente é tão simples como isto: o que seria de Angola na atual crise, se Angola não fosse Portugal? (Salazar, 1967, p.153).

Contudo, nesse mesmo mês, ele criaria os "serviços de centralização e coordenação de informações" em Angola e Moçambique, unidades tradicionalmente alocadas no organograma da repressão político-militar. E se 1961 começara com uma manifestação reacionária da Igreja da metrópole, terminara com uma Carta Pastoral do bispo de Luanda apoiando "as aspirações justas e legítimas dos negros" e exigindo a soltura de um padre preso pela Pide.

O ano de 1962, a partir do qual passou a ser proibida a comemoração do Dia do Estudante, foi marcado pelo início da intensificação do movimento estudantil – principalmente em Lisboa e Coimbra –, sendo, inclusive, consideradas as primeiras grandes manifestações universitárias da Europa (Rodrigues; Borga; Cardoso, 1974, p.209, nota). Seguindo a mesma linha, na capital, no Porto e em algumas outras cidades, as comemorações do 1º de maio transformaram-se em manifestações inusitadas, com milhares de pessoas nas ruas protestando contra o governo e a guerra. Desnecessário, portanto, dizer que a violenta repressão do governo fez-se sentir, com o saldo de um morto e muitos feridos. Em contrapartida, tentando minorar sua responsabilidade frente ao descalabro das condições de trabalho na África, o governo aprova o Código do Trabalho Rural para as colônias, assim como reestrutura os seus Tribunais do Trabalho.

Vale observar que no início desse mesmo ano há um racha na Oposição Democrática – que congregava não comunistas e estava, principalmente, estabelecida no Brasil – e, como resultado, Henrique Galvão torna-se um desafeto de Delgado, fundando outra organização – como geralmente acontece quando há cisões desse tipo.

Em abril de 1963, em artigo publicado na *International Affairs*, Salazar intensifica sua tentativa de justificar a política portuguesa para a África e de conquistar apoios. Iniciando pela constatação de que o mundo estava sofrendo de uma doença que poderia ser denominada "intolerância em relação à autoridade", rebate as críticas quanto ao monopartidarismo português com uma afirmação literalmente incrível, que mostrava sua disposição em não contemporizar no tocante a questões essenciais para a manutenção do regime e, consequentemente, de sua política colonial:

> Tampouco foi alguma vez exigida a filiação na União Nacional. Não é pois válida a crítica que pretende apodar-nos de regime de partido único. O que será exato dizer, isso sim, é que a nossa vida política assenta numa base não partidária, isto é, o Governo governa sem partidos, que a Constituição não prevê (Salazar, 1967, p.242).

Mais adiante, tece considerações de ordem, digamos, psicossocial sobre o "povo português", imputando-lhe atributos que mais parecem justificativas para suas próprias ações, vincadamente individualistas, e para as opções que inculcara à vida política do país como guardião de seu destino (Salazar, 1967, p.246-7; 249).

Suas palavras assumem um sentido maior quando, em agosto, ele fala ao "povo português", em cadeia de rádio e televisão, sobre a "política ultramarina", pois, na verdade, dava-se conta de que o seu empreendimento na África não poderia ser conduzido da mesma forma que o Estado Novo. O alto preço a ser pago pela mobilização e simultânea desorganização da sociedade, a perda e a fuga de contingentes populacionais fundamentais para o desenvolvimento do país e o crescente isolamento internacional certamente encontravam-se na base desse reconhecimento, que, de fato, não seria nunca tornado público. Pelo contrário, seguia imputando a todos – e principalmente às potências e à ONU – os rumos que a África vinha tomando, rumos estes que estavam fadados ao fracasso, pois a independência (até porque era defendida por parcelas marginais das populações) não levaria a nada, muito pelo contrário, como já vinha sendo por ele denunciado. Seguia tentando convencer a todos de que o governo português, por sua vez, cuidava de tomar medidas (como a Lei Orgânica do Ultramar) que viessem espelhar a real preocupação com uma sociedade multirracial, comprovadamente viável, pois o Brasil tornava isso evidente. Na última frase desse discurso, Salazar pretendeu conferir ao empreendimento africano uma grandeza que, naquela altura, a sociedade, pela sua crescente mobilização e pela desproporcional intensificação da repressão pelo sistema, sabia não existir:

> A maneira como o País tem correspondido ao apelo que lhe havemos feito é uma lição para todos: sem hesitações, sem queixumes, naturalmente como quem vive a vida, os homens marcham para climas inóspitos e terras distantes a cumprir o seu dever – dever que lhes é ditado pelo coração e pelo fio de fé e patriotismo que os ilumina. Diante desta lição eu entendo mesmo que não se devem chorar os mortos. Melhor: nós havemos de chorar os mortos, se os vivos os não merecerem (Salazar, 1967, p.335).

No mesmo mês, o presidente português dirige-se especificamente aos militares, em agradecimento à manifestação de apoio destes à política ultramarina, numa solenidade que significava a arrancada para o respaldo e a legitimação das ações governamentais, que já estavam sendo contestadas nas ruas. No final do mês, o governo promove, no Terreiro do Paço, uma "gigantesca" manifestação a favor de sua política colonial, mais objetivamente de sua política de guerra (Salazar, 1967, p.346-7).

Ainda em 1963, a direita estudantil cria mais uma ativa organização – a OUA – e reconhece o governo da República de Angola no Exílio (vinculado à FNLA), dando-lhe auxílio. No final do ano, para completar o desgosto salazarista com a ONU, Henrique Galvão, por ela convocado, discursa por quase duas horas sobre a questão ultramarina portuguesa. Esse ano testemunhou também a abertura de novas frentes de luta em Angola e na Guiné.

Em 1964, a guerra inicia-se em Moçambique, e logo em janeiro, na Europa, é realizado o segundo encontro da FPLN, fundada em 1962. Um balanço dos primeiros anos da guerra, dos propósitos do governo português e de sua própria atuação tem como uma de suas conclusões a certeza de que "só a ação insurrecional, envolvendo as massas populares e os setores revolucionários das Forças Armadas poderá derrubar a ditadura e instalar um regime democrático em Portugal" (apud Anderson, 1966, p.178). Esse encontro deu origem à Junta Revolucionária Portuguesa, um órgão executivo, com funcionamento permanente; Humberto Delgado fora escolhido para ocupar a presidência e anunciara a subsequente constituição de um Comando Operacional, também sob a direção de Delgado e que seria o braço militar da Junta.

Na metrópole, no mesmo sentido, formaram-se novas agremiações políticas de esquerda: a FAP, uma dissidência do PCP e que queria o partido na luta armada; e, em Genebra, a Acção Socialista Popular (ASP), tendo Mário Soares, advogado exilado e futuro importante líder socialista, como secretário-geral. Enquanto isso, o regulamento policial de Lisboa é alterado e passa a proibir "o trânsito ou a permanência de pessoas descalças em todos os lugares públicos da área do distrito"; é bem verdade, contudo, que estavam excluídas dessa restrição as "áreas das praias marítimas ou fluviais e das piscinas [...]".

O ano de 1965 iria exigir uma atenção a mais: tratava-se de um ano de eleição presidencial. Salazar preocupa-se, então, em preparar a União Nacional para a apresentação de Américo Tomás como "candidato da Nação e da UN", uma vez que já considerava líquido e certo que a guerra seria longa: segundo sua visão, "os inimigos que as fazem e os que as sustentam declaram querer continuar a perturbar a vida e o trabalho alheios [...]". Com isso, tornava-se de suma importância escolher um chefe de Estado que garantisse o desenvolvimento da política de guerra – até porque, como resultado da sucessão anterior, o ex-presidente Craveiro Lopes não deixara barato sua defenestração do cargo e duvidara da política salazarista. Pelo menos nisso, de fato, Salazar conseguiu o tão desejado êxito de sempre. Desse modo, em julho, ele foi reeleito. Certamente, era por feitos como esse que parte da imprensa europeia não só acolhia o salazarismo como via seu mentor como um sábio: era o caso da revista francesa *Jours de France*, que logo em seguida publicaria uma matéria intitulada "*Rencontre avec Salazar – le sage de l'Occident*" [Encontro com Salazar – o sábio do Ocidente] (Apud Morais; Violante, 1986, p.191).

Em setembro, o PCP realiza seu VI Congresso em Moscou, sob a hegemonia de seu eterno líder de cepa stalinista Álvaro Cunhal; este vê suas diretrizes ("Rumo à vitória") lançadas no ano anterior transformarem-se quase que integralmente em um novo programa para o partido, constando dentre seus principais pontos: a destruição do Estado fascista, a instauração de um regime democrático, assim como a independência imediata das colônias.

A Oposição Democrática, em manifesto lançado ainda antes das eleições para a AN[14] em novembro, enumera os cinco

---

14 Nessas eleições, novamente, a UN faz a totalidade das cadeiras, tendo a Oposição se retirado do pleito.

pontos que considerava condenar política e moralmente o sistema: (1) o assassinato de Delgado, que classificava como um crime político premeditado; (2) a situação dos presos políticos; (3) os "atentados contra a vida do espírito[15] tais, por exemplo, o assalto à Sociedade Portuguesa de Escritores"; (4) o relatório da ONU contra Portugal; e (5) o tratamento dado aos universitários. Como se vê, são questões estritamente políticas, porém relativamente distantes das lides populares. E em dezembro do mesmo ano, a comunidade internacional assistiu à OUA reconhecer o PAIGC como representante do povo da Guiné-Bissau.

Em abril de 1966, Salazar, reclamando da falta de reconhecimento por parte de seus parceiros que se locupletavam nas colônias, chamava atenção para o caso do porto e da ferrovia da Beira, em Moçambique: inicialmente explorada por uma companhia privada inglesa, e depois pelo governo português, toda aquela região[16] fora grandemente beneficiada pelos investimentos de Inglaterra e Portugal. O capital britânico retorna para Londres, acrescido do lucro com a venda, e continua rendendo dividendos e gerando lucros; a situação portuguesa, em contrapartida, é distinta. Salazar admite em tom de denúncia:

> Este caso não poderia repetir-se indefinidamente por serem limitadas as nossas possibilidades, mas por ele se pode ver que no nosso "colonialismo" são os estrangeiros que embolsam os lucros e nós quem pagamos os melhoramentos, apenas com o ganho político de se haver libertado uma zona crucial de Moçambique (Salazar, 1967, p.417).

---

15 Curiosamente, Hannah Arendt intitulou seu último livro – planejado para abordar "o pensar", "o querer" (a vontade) e "o julgar", embora esta última seção não tenha sido escrita – de *A vida do espírito* (*The life of the mind*), publicado de forma acabada em 1974, ano da Revolução dos Cravos.
16 Portugal adquire aquela região com o intuito de ampliar instalações e serviços, visando o crescimento do volume das transações comerciais em função da futura Federação das Rodésias (do Norte e do Sul) e da Nissalândia, hoje, respectivamente, Zâmbia, Zimbábue e Malauí.

Em 1967, além do agravamento da situação na África, a metrópole enfrentava um rumoroso escândalo político: o aliciamento e a corrupção de mulheres menores de idade, envolvendo pelo menos um ministro e figuras do círculo palaciano. A renúncia do Ministro da Justiça (em setembro) fora ocasionada pela intervenção direta de Salazar, suprimindo provas do processo. O caso era tanto mais grave porque atingia um dos pilares do governo salazarista: a moralidade. O fato ficou conhecido como Caso Ballet Rose e foi divulgado pelo jornal inglês *Sunday Telegraph*, citando a matéria do *Jeune Afrique*, com manchetes características desse tipo de notícia: "*Vice scandal shakes portuguese cabinet*".[17] O governo, como era hábito, acusou a oposição de divulgar notícias falsas e de colocar sob suspeita os atributos morais e religiosos de Salazar. Sob tais acusações, Mário Soares, líder do PS, foi preso.

Somente em 1968 Salazar é obrigado a deixar o poder, devido a um hematoma craniano causado por um acidente durante as férias.

O período caetanista: do futuro desconstruído à implosão dos escombros

Em 6 de setembro de 1969, exatamente um ano após o estado de saúde de Salazar ter se agravado, devido ao acidente vascular cerebral que sofrera, o jornal francês de direita *L'Aurore* publica uma entrevista com o presidente português, a qual

> revela pensar [ele] ser ainda o chefe do Governo, ao descrever as visitas dos seus ministros, que simulam vir a despacho, e ao lamentar, por exemplo, que Marcello Caetano continue a recusar-se a colaborar consigo e prefira ensinar na Universidade (Apud Morais; Violante, 1986, p.209).[18]

---

17 Tradução livre: "Escândalo abala o ministério português".
18 Salazar chegou a ir à TV agradecer o interesse da população pela sua recuperação [o esforço para a gravação está registrado e é patético]. Nas eleições de 1969 para a AN, fora inclusive votar (Cf. Georgel, 1985, p.89).

Isso foi possível porque Salazar, após obter melhora em seu estado de saúde, e sem que lhe tivessem informado sobre sua demissão (até porque Américo Tomás criou para ele o cargo de "presidente vitalício do Conselho"), voltou a ocupar a residência do chefe de Governo, enquanto Caetano, escolhido para ser o novo presidente do Conselho, permanecia em sua própria casa. Tal situação, quase inacreditável – uma espécie de usufruto do poder –, era, naturalmente, criticada no país. De qualquer forma, a simples submissão de Marcello Caetano a essa encenação marcou como uma nódoa a autoridade de seu governo e constituiu-se também em um dos motivos pelos quais ele se apegou com tanto esmero ao aparelho estatal herdado e tentou exercer o poder como seu mestre e mentor, não descurando, inclusive, da repressão política.

O político e professor Caetano vinha de uma longa carreira dedicada ao salazarismo e nutria interesse em exercer a chefia do governo, pelo menos, desde 1951, ano do falecimento de Carmona. Nessa ocasião, ele instara Salazar a ocupar a presidência da República, vaga pela primeira vez no Estado Novo, o que abriria espaço para a sua ascensão ao centro do poder, à presidência do Conselho de Ministros. A esta altura, tal sugestão pode ser caracterizada como ingenuidade ou como desconhecimento das reais – e, diga-se de passagem, razoavelmente explícitas – intenções do todo-poderoso construtor do Estado Novo.

Afastando-se do círculo ministerial em 1967, mas mantendo-se politicamente à mão, no posto vitalício de membro do Conselho de Estado, desde 1952, Caetano era considerado por Salazar um dos poucos políticos confiáveis e capazes do grupo de falcões e nulidades que o cercava.

Durante a crise de 1958, causada pela ameaça dos oposicionistas de lançar candidaturas à presidência, como vimos anteriormente, ele cumpriu importante papel, apresentando um parecer favorável ao sistema, conferindo legitimidade jurídico-formal ao processo e, consequentemente, ao modo como o governo o conduziu. Em 1962, num gesto de difícil avaliação,

Caetano sugere a constituição de uma federação de estados na África colonial – em sintonia com setores do governo, mas também com a oposição, e respondendo à sigilosa consulta de Salazar.

Quando assume o poder,[19] em setembro de 1968, um personagem que se tornaria chave na negociação de sua própria destituição do poder em 1974 – o general António de Spínola – é nomeado governador e comandante-chefe das Forças Armadas na Guiné, e a OUA passa a reconhecer o MPLA como o único representante do povo angolano, em detrimento da FNLA. Tal solução para os territórios coloniais já estava totalmente inviabilizada, e, no mesmo sentido, sua estreita formação política na seara salazarista o impediria de iniciar a reforma necessária para que fosse possível um desfecho negociado para a guerra. Para que se tenha uma ideia de seu atrelamento e respeito ao fantasma vivo de Salazar e do salazarismo, dos quinze membros de seu primeiro gabinete, onze já ocupavam pastas desde o último rearranjo realizado por Salazar, pouco antes da enfermidade.

Não obstante, na tentativa de imprimir feição própria ao Estado Novo, Caetano, já no início de outubro, lança a proposta do que entendia ser um novo rumo para a política do país, o Estado Social, frisando, entretanto, a distância que ele guardava de qualquer concepção socialista:

> Preconizo um Estado social, mas não socialista. Social na medida em que coloca o interesse de todos acima dos interesses dos grupos, das classes ou dos indivíduos. Social porque faz prevalecer esse interesse por meio de uma autoridade baseada na razão coletiva. Social quando procura promover o acesso das camadas menos privilegiadas da população às vantagens da vida moderna, e a proteger aqueles que nas relações de trabalho

---

19 A escolha de Caetano para dar continuidade ao regime salazarista envolveu ações não muito claras, como, aliás, é de praxe em regimes autoritários. Paul Christopher Manuel chega a afirmar, sem citar a fonte, que Caetano se comprometeu, por escrito, a continuar buscando uma solução militar para a guerra colonial (Manuel, 1995, p.25).

podem considerar-se mal divididas. Mas não socialista, porque pretende conservar, dignificar, estimular mesmo a iniciativa privada, e dar às empresas a possibilidade de fazerem o que o Estado não poderia nunca realizar sozinho (Apud Georgel, 1985, p.93).

Esse discurso tímido e tosco reflete o ambiente do quadro de ocorrências do final desse mesmo mês, quando um estudante morre após ficar dois meses em poder da Pide e parentes de presos políticos são presos na sequência de manifestações pela anistia.

Contudo, ainda que permitindo a volta do líder socialista Mário Soares ao país (que havia sido desterrado para São Tomé em decorrência do caso dos *ballets rose*) e também conferindo uma nova dinâmica no âmbito dos contatos internacionais (recebendo o chanceler alemão e sediando uma reunião da Otan), Caetano vê Portugal ser novamente condenado na ONU, em novembro, por uma maioria esmagadora.

No quadro político interno, remodelando a estrutura do Estado, ele mostra a necessidade de ampliar (!) o controle, em molde salazarista, ao unificar os secretariados da Assembleia Nacional e da Câmara Corporativa. Na UN, também produz modificações na estrutura diretiva, embora tenha colocado um político reconhecidamente "liberal" como presidente da nova Comissão Executiva.

No último mês do ano da chegada de Caetano ao poder, crescem as reivindicações e pressões sobre o governo. Movidas por estudantes, trabalhadores e forças políticas organizadas, essas manifestações podem ser avaliadas pelos seguintes pontos, constantes do Manifesto à Nação, subscrito por cerca de quatrocentas assinaturas, reivindicando:

> lei de Imprensa que assegure a liberdade de expressão; ampla anistia para presos e perseguidos políticos; extinção das medidas de segurança; lei eleitoral que satisfaça condições mínimas exigidas pela Oposição desde 1945.

Em 1969, o governo intensifica o propósito de imprimir uma nova dinâmica e uma certa modernização ao aparelho de Estado, inclusive na África, onde se inicia a construção de uma obra de engenharia portentosa – a barragem de Cabora-Bassa –, que era considerada uma obra estratégica para o futuro da guerra, como noticiaria o *Diário de Notícias*:

> A construção da barragem de Cabora-Bassa não permitiria apenas terminar com a guerrilha, que é muito ativa no Norte de Moçambique desde há cinco anos, mas também instalar um milhão de portugueses no Vale do Zambeze, o que não é só de uma grande importância para o futuro de Moçambique, mas também para o de toda a África Austral.

Por outro lado, em janeiro, intensificam-se, também, as manifestações dos católicos, que já no final de 1968 iniciaram vigílias pela paz, condenando a política colonial. Nesse mesmo mês, Caetano estreia o que pretendia que fosse o cadinho carismático-informal de seu governo: um programa em rede de rádio e TV, provincianamente chamado "Conversa em família".

Na reforma ministerial que Caetano faz em março, nove ministros herdados de Salazar ainda permanecem em suas pastas. Em abril, Caetano vai à África em visita às colônias que abrigavam os três teatros de operações de guerra, como denominavam os militares: Angola, Guiné e Moçambique. Enquanto isso, na metrópole (Coimbra), inicia-se uma crise sem precedentes no meio estudantil universitário. Essa última evolui para uma greve dos estudantes, apoiada por parte dos professores, e acaba levando o governo a fechar a universidade em maio, sendo que no mês seguinte houve um bem-sucedido boicote aos exames. Nesse caso específico, duas observações são necessárias: em primeiro lugar, os tribunais, em sensível mudança de postura frente ao regime, passam a absolver os estudantes detidos, obrigando o governo a alterar seus procedimentos policial-administrativos para que o efeito repressivo desejado fosse alcançado; em segundo, cerca de cinquenta estudantes considerados lideranças políticas foram compulsoriamente integrados às Forças Armadas e enviados para a guerra. Um ano depois, num gesto de boa vontade do governo, os processos movidos contra os estudantes são arquivados, e estes são reintegrados à academia. Afinal, quando Caetano renunciou ao mandato de reitor da Universidade de Lisboa – em 1962 e em meio à outra crise estudantil –, o fez por ter tomado partido dos estudantes, entrando em confronto com o regime e renunciando também à sua cadeira na Comissão Executiva da UN.

A perspectiva de realização das primeiras eleições para a AN em outubro, sob o comando de Caetano, mobiliza tanto as oposições como o governo. Este, por sua vez, no sentido de mostrar que algo havia mudado, tratou de propiciar formalmente condições mínimas (reivindicadas desde sempre) para que as oposições pudessem tentar mais do que uma simples participação conferidora de legitimidade ao pleito, como, por exemplo, cédulas iguais e acesso à listagem dos eleitores. Tal liberalidade provocou os ânimos dos asseclas do salazarismo e a direita protestou publicamente contra aquele novo governo, que não se mostrava à altura do regime que herdara. Pelo primeiro teste, pelo menos o primeiro público, pode-se avaliar quão difícil era a vida do substituto de Salazar.

Por outro lado, o regime também aproveita para tentar tornar o resultado do pleito um fator de legitimação das velhas posições do novo governo, imputando-lhe um caráter plebiscitário e tendo como questões de fundo a "defesa do ultramar" e a "manutenção da ordem pública". Este segundo ponto dizia respeito tanto às acaloradas manifestações estudantis como também às greves dos trabalhadores no setor privado, que, desde 1968, vinham se intensificando e se tornando mais politizadas – chegando até mesmo a levar, em setembro de 1969, os trabalhadores da CUF, maior grupo econômico português na época, a divulgarem um manifesto no qual exigiam "o final da guerra em África, anistia para os presos políticos, abolição das medidas de segurança, extinção da Pide, dos tribunais plenários, da censura" (Apud Morais; Violante, 1986, p.209).

Quanto aos meios partidários oposicionistas, é divulgada uma "Plataforma de Ação Comum" pelo MDP, grupo político ligado ao PCP. Este, por sua vez, envolve-se em mais um conflito com os socialistas, com acusações mútuas sobre a quebra de compromisso para a apresentação de listas unitárias. Por fim, em Lisboa, Braga e no Porto, a oposição concorre com mais de uma lista. Observa-se aí uma ocorrência de grande significado: um segmento liberal próximo ao governo lançou quatro candidaturas nessa última cidade, sendo uma delas a do advogado Sá Carneiro, político que também cumprirá papel controverso no campo da centro-direita após o 25 de abril. Estes postulantes são apresentados e concorrem pela UN, embora não pertençam a ela, e propõem um regime "de tipo europeu e liberal" para Portugal. Sá Carneiro, particularmente, dizia-se estimulado pelas palavras de Caetano no início de setembro, quando este firmara posição contra a saída de Portugal da África, apoiando, porém, a concessão de autonomia gradativa às colônias e a implementação de reformas políticas visando a pacificação da sociedade. Reformas certamente tardias para um país que em junho recebera outra moção de censura do Comitê de Descolonização da ONU e que, dois dias antes das eleições, expulsara uma delegação da Internacional Socialista que tinha como propósito declarado acompanhar a fase final do processo eleitoral.

Em 26 de outubro de 1969, em uma demonstração de que a máquina ainda estava azeitada, novamente a UN ocupa todas as cadeiras, obtendo 88% dos votos, com 38,5% de abstenções. A nova Assembleia sofre renovação de 2/3 de seus parlamentares e abriga um grupo de deputados que se farão influentes, não permitindo que fosse constituída a chamada "ala liberal". Logo após a instalação da 10ª Legislatura da AN, no entanto, militantes e candidatos oposicionistas são presos e suas sedes de campanha, fechadas, tornando ainda mais vazio o discurso caetanista. As oposições protestaram veementemente, e a mobilização dos trabalhadores, objetivando greves, intensificou-se.

A tentativa de mudança de imagem frente à comunidade internacional tem continuidade ao longo de 1969. O presidente do Conselho aproveita o funeral de Eisenhower e vai a Washington; visita também o Brasil, que, mesmo sob o comando dos militares, vinha, desde os últimos tempos com Salazar, fazendo coro às pressões internacionais – na ONU, inclusive – contra a situação na África. Além disso, ele recebe Giscard d'Estaing, que sabia avaliar muito bem quais eram os males e sequelas de uma guerra colonial. Nesse momento de troca de comando da ditadura em Portugal, houve uma nítida ação por parte do Ocidente no sentido de tentar reverter o que era há muito tempo uma mácula no mapa da Europa.

Os anos 1970 iniciaram-se com mais uma reforma ministerial, da qual cinco ministros do último gabinete de Salazar ainda remanescem. Continuando na linha das remodelações, em fevereiro, por proposta de Caetano, a UN torna-se a ANP, da qual ele é o primeiro presidente da Comissão Central; infelizmente, para uma sociedade esgotada politicamente, isso fora apenas uma troca de nome. Nesse mesmo mês, contudo, principia-se uma iniciativa realmente nova: cerca de 150 personalidades, inclusive um dos filhos de Caetano, solicitam autorização ao presidente do Conselho para a fundação de uma Sedes, que, após ter seus estatutos aprovados, foi finalmente constituída em dezembro. Essa entidade terá um papel ativo no período que se estenderá até a Revolução dos Cravos e será a primeira instituição independente do Estado (com propósitos políticos inclusive e incorporadora de uma justificada ansiedade da centro-direita) a ter existência legal em Portugal após a instauração do Estado Novo. Ela propunha-se:

> (1) [à] obtenção de níveis elevados de desenvolvimento técnico, econômico e cultural do País e a correspondente garantia de satisfação das necessidades individuais e coletivas; (2) a definição de esquemas de participação ativa das populações, através de estruturas pluralistas, na construção e gestão da comunidade econômica, social e política; (3) a obtenção de iguais oportunidades econômicas e culturais para toda a população e o desaparecimento de grupos sociais privilegiados;

(4) a organização de estruturas que permitam uma ampla e livre expressão das capacidades criadoras individuais, embora condicionadas pelos limites decorrentes da vida em sociedade; (5) a colaboração da comunidade nacional na construção e funcionamento da ordem internacional (Apud Morais; Violante, 1986, p.216-7).[20]

Apesar de reconhecermos as dificuldades de viabilização de uma entidade com tais características num ambiente político que tendia a se fechar cada vez mais, pensamos que a Sedes – que elaborou um "Diagnóstico-projeto da sociedade portuguesa", o qual seria usado como base para suas ações – não poderia ter se omitido, como o fez, quanto à questão colonial. Pode ter sido uma estratégia para manter-se em situação de negociação com o governo; que se tratava de uma postura bem adequada a vícios liberais, entretanto, não há dúvidas.

No fim do ano, em contrapartida – e em caráter oficioso, quase clandestino –, é fundada a Intersindical. Esta instituição surgiu durante um Encontro Nacional de Direções Sindicais e tinha como o objetivo a viabilização de uma ação conjunta contra o governo em importantes assuntos trabalhistas e de política sindical, tais como "contratação coletiva, suspensão de direções sindicais e encerramento de sindicatos". As greves, por sinal, intensificaram-se nesse período (que vai até 25 de abril), num desafio ao que deveria ser a política corporativa do governo com relação à regulamentação do trabalho, mas que, de fato, e como frequentemente ocorre em momentos políticos como o que se vivia, ultrapassaram logo o caráter reivindicatório para denunciarem a total omissão do Estado frente a tudo que poderia dizer respeito ao mundo do trabalho. A começar pela inexistência de uma lei de greve, já que tanto a Constituição

---

[20] Um ano após sua fundação, a Sedes congregava 408 associados, sendo 320 em Lisboa, 72 no Porto e 16 em Évora; em dezembro de 1972, esse total chegaria a 588, com 450, 109 e 29 associados, respectivamente, nessas mesmas cidades (Morais, Violante, 1986, p.224; 231).

quanto o Estatuto do Trabalho Nacional proibiam a greve e o *lock-out*, delitos que, devido à sua natureza e à natureza do regime, estavam submetidos à minuciosa tipificação penal.

Em março de 1970, ocorre uma alteração que diz respeito à África. O general Kaúlza de Arriaga é nomeado comandante-chefe das Forças Armadas de Moçambique e, em abril, deputados da "ala liberal" – atendendo a uma recorrente reivindicação – apresentam um projeto de "lei de imprensa" que, embora propusesse o fim da censura prévia, conservava um regime especial para as "notícias militares" enquanto houvesse guerra nas colônias.

Quanto à relação com o mundo exterior, se Portugal por um lado recebe o secretário de Estado americano, William Rogers, por outro, recebe também o primeiro-ministro da África do Sul. O Conselho da Europa promove, em Estrasburgo, um colóquio sobre as violações dos direitos humanos no país, e a OIT o denuncia pela violação de direitos sindicais. Entretanto, será no Vaticano, em julho, que o sistema sofrerá um grande e simbólico revés político, pois Paulo VI recepciona os dirigentes dos principais movimentos nacionalistas que lutavam pela independência das colônias: MPLA, Frelimo e PAIGC. Esse gesto papal, que provocou tensão entre Lisboa e a Santa Sé, exigiu – pela sustentação e fidelidade que a Igreja sempre dispensara ao regime desde o princípio – que Caetano o explicasse à população por cadeia de rádio e TV. E ele, de forma exemplarmente salazarista, culpa a "diabólica perfídia" dos inimigos do país, que se aproveitaram da benevolência e da rotina diplomático-religiosa do Sumo Pontífice.

Nesse mês de julho, entretanto, caiu o pano, encerrando-se a última temporada da ópera-bufa cujo protagonista tornara--se, pouco a pouco, física e politicamente moribundo: Salazar morre, aos 81 anos, metade dos quais plenipotenciariamente no poder. Marcello Caetano ficaria, então, às voltas com o fantasma do finado ditador.

Em setembro, são fundados na clandestinidade o MRPP – de tendência maoísta e que se alinhará na extrema esquerda no espectro partidário após abril de 1974 – e o Comitê de Ligação dos Militantes Revolucionários Portugueses – primeira organização trotskista a se constituir em Portugal. Ainda em setembro, o governo português rejeita as propostas de Kenneth Kaunda, presidente da Zâmbia, país vizinho de duas colônias portuguesas – Angola e Moçambique – e do poeta e escritor Léopold Senghor, carismático presidente do Senegal (vizinho de Guiné-Bissau), para por fim à guerra colonial. Pouco depois, seis oficiais do exército português desertam – fato que, embora censurado, foi divulgado, em procedimento que certamente não foi gratuito, pelo próprio ministro do Exército em discurso no final do ano.

O fim do ano de 1970 assiste a ações de facções que optaram pela luta armada e também a uma mobilização tanto do governo quanto de dois segmentos da AN para a apresentação de projetos visando reformar a Constituição. Além disso, inúmeros conflitos de ordem trabalhista são registrados, intensificando-se, sobremodo, as greves.

Em 1971, cresce a aproximação de Portugal com a CEE, iniciada no ano anterior. Para além dos aspectos econômicos, essa proximidade com a CEE carregava potencialmente uma significativa repercussão política, na medida em que poderia tirar Portugal do isolamento no cenário internacional, numa tentativa de quebra da quarentena colonial imposta pela ONU, que se delongava, como vimos, desde os anos 1950. Na disposição para tratar de assuntos dessa natureza, entretanto, permanecia um ranço salazarista, pois, em junho, Portugal retira-se da Unesco, consumando decisão tomada em maio como uma reafirmação de propósitos originais em mais um aniversário da ditadura. A alegação formal, que mais parecia um formal de culpa, acusava aquela organização de "apoiar financeiramente os movimentos terroristas antiportugueses, a pretexto de auxílio à educação nas regiões pretensamente libertadas da África portuguesa" (apud Morais; Violante, 1986, p.221-2).

Ainda nesse âmbito, na Reunião do Conselho Atlântico, realizada em Lisboa, o ministro dos Negócios Estrangeiros da Noruega – o mesmo país social-democrata nórdico que, no início da guerra colonial, se negara a vender armas a Portugal e criticara os demais membros da Otan que assim procediam – provoca uma rusga diplomática ao criticar severamente a política portuguesa para a África.

Entrementes, cresceram internamente as manifestações organizadas contra a guerra. Empregados do comércio e de escritórios – setores, via de regra, amortecidos politicamente – iniciaram protestos e reivindicações por melhores condições de trabalho, incluindo-se aí o direito a descanso semanal. No mesmo sentido, porém com ações bem mais contundentes, desdobraram-se as ações armadas na metrópole e em representações portuguesas no exterior, com tal repercussão que o governo solicita à AN a elaboração de legislação específica para combatê-las, uma vez que já não podiam mais ser abafadas. Aproveitando o momento, as BR, organização que também ocupará espaço à esquerda do PCP após abril de 1974 e que vinha intensificando suas ações e expondo o regime cada vez mais, divulgam documento sobre sua posição política, com projeto e forma de atuação.

No meio jurídico-político, o governo mostrou que agira com argúcia ao promover alterações nas estruturas de sua sustentação, tanto na ANP como na AN, uma vez que conseguiu fazer valer o seu projeto de revisão constitucional, freando o ímpeto da "ala liberal"; e isso embora suas propostas para o ultramar não tivessem sido bem aceitas pelos segmentos que se consideravam guardiões do salazarismo, como a indefectível Legião Portuguesa. De qualquer modo, com relação à África, Spínola – que, não esqueçamos, era governador e comandante-chefe das FA na Guiné –, em viagem a Lisboa, ratifica a política do governo para as colônias e anuncia um grande investimento em dois complexos industriais.

No ano seguinte, 1972, Portugal consegue assinar (em julho) o acalentado acordo com a Comissão Econômica Europeia, que, apesar de sua resistência política frente à pressão europeia contra a política colonial portuguesa, ofereceu bases comerciais, de imediato e para o futuro, realmente compensadoras. Note-se que dois meses antes, um jornal português de extrema-direita instou o governo a proibir a propaganda a favor da integração do país àquela organização, pois denunciava que tal passo estava condicionado à renúncia da imposição colonial aos territórios africanos.

No entanto, em dois outros foros internacionais, a pressão aumentava sensivelmente. Em Genebra, em sessão da OIT, Portugal viu-se obrigado a abandonar a Conferência após a aprovação de resolução que condenava suas ações na África, apontando as práticas de opressão política, de discriminação racial e de violação dos direitos sindicais. Já a ONU, dedicou o mês de novembro a exigir que Portugal se retirasse da África, decidindo, inclusive, manter permanentemente a questão em sua agenda de trabalho. Além da exigência que o governo português cessasse as operações militares e abrisse negociações visando a autodeterminação e independência dos povos envolvidos na guerra, as Nações Unidas aprovaram uma resolução – com 99 votos a favor, 23 abstenções e apenas cinco votos contrários, dos Estados Unidos, Inglaterra, França, África do Sul e, naturalmente, de Portugal – solicitando que seus membros apoiassem os movimentos de libertação. Nesse mesmo mês, o PAIGC foi admitido nessa organização como observador, após ter sido reconhecido em meados do ano como o único representante do povo guineense. Decisões que certamente justificariam as visões persecutórias de Salazar.

É interessante notar que, em maio, houve um encontro secreto entre Spínola e Léopold Senghor em território senegalês, sendo proposto a Spínola encontrar-se com Amílcar Cabral (líder do PAIGC assassinado em janeiro de 1973) para a negociação do cessar-fogo e de bases para o estabelecimento de um governo transitório bilateral – proposta que se poderia considerar, naquela altura da guerra, honrosa para Portugal. Essa possibilidade, porém, foi obstada por Marcello Caetano.

Em junho, o governo tentou camuflar o cerceamento de liberdade, extinguindo a censura e instituindo o "exame prévio" em publicações, não permitindo, entretanto, que esse procedimento fosse divulgado por elas – triste letra para a nova lei de imprensa. Ainda no âmbito da repressão maquiada, em setembro, Caetano reestruturou a DGS, sucessora da Pide, ampliando seu efetivo para cerca de 3.650 funcionários e, mais importante, adaptando aos crimes considerados políticos pelo sistema, e sob investigação da DGS, as alterações procedidas pelo governo, em maio, nos códigos penal e processual-penal. Com isso, concedia à polícia política, na fase de instrução preparatória da acusação, prerrogativas do judiciário, ao sobrepor diretores, subdiretores, inspetores etc. a juízes e ao Ministério Público.

Por procedimentos como esse, a "ala liberal" da AN, logo em janeiro, começara a demonstrar descrença na possibilidade de alteração substantiva do quadro político-constitucional. O deputado Sá Carneiro, que efetivamente empenhou-se na defesa das liberdades clássicas e do estabelecimento do Estado de direito, declarou em entrevista que seu assentimento em candidatar-se a deputado em 1969 decorreu da crença na disposição do novo governo em promover uma "democratização a curto prazo"; entretanto, foi forçado a reconhecer em um artigo de jornal que "[...] a situação das pessoas relativamente às liberdades que mais interessam à vida política é, em 1972, a mesma que em 1933", e também que a revisão constitucional tal como fora procedida, assim como o processo eleitoral pouco transparente, impediam qualquer possibilidade de o país rumar para um "regime político do tipo europeu ocidental".

Tal posição de descrença viria a ser tristemente ratificada ao longo do ano: de um lado, pelo aumento das ações de guerrilha urbana; por outro, pelo aumento da repressão aos protestos generalizados de setores da Igreja – inclusive, com a prisão de padres e leigos –, de estudantes, de defensores dos presos políticos e de associações de ajuda a desertores das Forças Armadas, que se instalaram principalmente nos países nórdicos, além da multiplicação das greves, agora também com maior mobilização dos trabalhadores de serviços públicos. Acrescente-se que, em julho, Américo Tomás seria, pela última vez, reconduzido à presidência como candidato único da ANP, eleito indiretamente por esmagadora maioria, mas com 69 votos nulos, sinal da tênue abertura caetanista.

Em novembro do mesmo ano, houve ainda um fato importante que colaborou para viabilizar a mobilização militar que levaria a Revolução de 1974: o general Costa Gomes, comandante-chefe das Forças Armadas em Angola, passou a ocupar o CEMGFA.

O ano de 1973 foi decisivo para o futuro do país: no seio da única instituição com condições de tomar o poder e promover algum tipo de reforma, as Forças Armadas, engendraram-se golpes que pretendiam, por caminhos distintos, por fim à agravada agonia vivida pela sociedade portuguesa – principalmente, na última década. Entretanto, antes de abordarmos os passos referentes aos movimentos dos militares, fixaremos o quadro geral da situação política na qual repousava, de forma cada vez mais desconfortável, o governo e, por total falta de opção e possibilidade, a população.

No âmbito internacional, a já regular condenação da ONU à política colonial portuguesa deve-se acrescentar a denúncia – feita pelo *Times*, em julho, e que logo repercutira pelos principais jornais europeus, e à qual o papa também fizera alusão – de um massacre ocorrido em dezembro de 1972, em Moçambique, no qual tropas portuguesas mataram cerca de 400 civis africanos, incluindo mulheres e crianças. Embora a Igreja tenha comunicado, em abril, o fato ao governo, Caetano – que viajara logo em seguida para Londres, onde, por sinal, havia sido friamente recebido e, até mesmo, hostilizado – insistiu em desmenti-lo; porém, destituiu o comandante-chefe das Forças Armadas de Moçambique, Kaúlza de Arriaga. Contudo, tendo em vista as evidências, a própria ONU (com 109 votos favoráveis, 12 abstenções e apenas 4 contrários – o de Portugal, evidentemente, o da África do Sul e mais o da Espanha e o dos Estados Unidos) aprovou, em dezembro, a constituição de uma comissão para apurar no local a dimensão da tragédia.

Há ainda nesse contexto dois registros. No mesmo mês, Portugal – que já havia deixado a Unesco – abandona agora a

FAO. Além disso, o governo é forçado a impor o racionamento de combustíveis, sobretudo de gasolina, devido ao boicote praticado pelos países árabes – particularmente pela permissão de utilização, por parte dos Estados Unidos, da base aérea de Lajes, na Ilha Terceira (Açores), oferecendo melhores condições para o apoio americano a Israel na guerra do Yom Kipur.

Na África, a situação da Guiné-Bissau evoluía como um concerto bem conduzido. Em termos militares, o PAIGC passou a dispor de mísseis terra-ar SAM, de fabricação soviética, anulando a única superioridade portuguesa até então: a guerra aérea. Com a consolidação cada vez maior de suas posições nos campos de batalha, o PAIGC consegue vitórias significativas no campo político: após declarar a independência das zonas liberadas, em setembro, com a instalação formal de uma administração governamental, de um Executivo, da Assembleia Nacional Popular e com a promulgação de uma Constituição política, abre caminho para o reconhecimento da República da Guiné-Bissau pela ONU, em novembro.

Na metrópole, o ano de 1973 começa com defecções nos quadros liberais da AN. Primeiro, de Sá Carneiro, que diria depois, ao ser perguntado se sua atuação teria sido exitosa com relação ao programa que havia levado para a AN:

> [...] como deriva de tudo que já disse, a minha atuação não teve quaisquer resultados; não obteve pois, nesse aspecto, menor êxito; nem podia obter, ante o retrocesso político verificado após as eleições. A única vez que a maioria esmagadora me deu razão foi quando aceitou a minha renúncia (Sá Carneiro, 1973, p.20).

Depois, do professor Miller Guerra, na sequência de um violento discurso contra a repressão policial e o constrangimento moral que chegou a desencadear a demissão de funcionários públicos impostos pelo governo e dos arrolados no episódio de protesto, ocorrido na Capela do Rato, em Lisboa, em dezembro. A carta-renúncia de Sá Carneiro não foi divulgada pela Assembleia, e o discurso de Guerra foi publicado na imprensa com cortes impostos pela censura.

Mais à esquerda, os membros da Ação Socialista Portuguesa (ASP), em Bonn, decidem transformá-la em Partido Socialista (PS). Em setembro, o PCP e o PS firmam um pacto em Paris visando otimizar a luta contra o governo português. Na extrema esquerda, prossegue a proliferação de grupos que reivindicam o conhecimento do *verdadeiro* caminho para a revolução, assim como as ações de guerrilha urbana tornam-se mais ousadas, o que levaria dois deputados sugerirem na AN a adoção da pena de morte para os "terroristas".

Enquanto isso, Marcello Caetano, num encontro de membros da ANP, explicitava sua visão de futuro político para o país:

> [...] Não pensem os ingênuos que há terceiras vias. Que pode ter êxito um regime liberal-democrata para o qual, mesmo no tempo em que era atual na Europa, nunca mostramos capacidade ou alguma fórmula de social democracia sem dirigentes nem apoio popular. Qualquer experiência desse gênero ainda que artificialmente sustentada pelo apoio estrangeiro – e a Internacional Socialista não esconde os seus propósitos de transformar o País em coutada sua – não passaria de fórmula transitória (Apud Morais; Violante, 1986, p.236).

Certamente por ter essa posição tão receosa, o regime preocupou-se em aumentar significativamente o contingente de presos políticos, em reprimir com mais vigor as manifestações da oposição e em intensificar ainda mais a repressão ao meio acadêmico – com o fechamento de faculdades, como a de Letras da Universidade de Lisboa, e o encerramento de associações estudantis –, de forma que na altura de 25 de abril de 1974 havia apenas duas universidades abertas em todo o país. Por isso, o regime ocupa-se também de regulamentar o serviço e ampliar os quadros de vigilantes em estabelecimentos de ensino superior.

Registre-se, ainda, que essa mesma disposição repressiva do governo abateu-se sobre os trabalhadores, que, não obstante a esfacelada estrutura sindical, intensificaram ao longo do ano movimentos grevistas em diferentes setores da produção. Além disso, a espetacular multiplicação das greves entre dezembro de 1973 e abril de 1974 revela a real situação do governo e a insatisfação reinante no país nos quatro meses que antecederam a Revolução.

Em 28 de outubro de 1973, na comemoração de mais um aniversário do regime, a ANP elegeu de novo todos os seus candidatos à AN, sem que nem a Oposição Democrática nem os liberais tenham apresentado listas. A acusação de ambas as correntes era a mesma: total falta de lisura no processo, que o governo cuidara em tornar ainda mais fechado, com alterações na lei eleitoral. Isto sem entrar no mérito de que o colégio eleitoral era formado por não muito mais do que 2% da população do país.

Ao realizar outra reforma ministerial, em novembro, Caetano ainda conservou um ministro de Salazar no Ministério da Defesa – uma pasta-chave, principalmente para um país em guerra. E, no mês seguinte, talvez por ter se dado conta muito tardiamente da necessidade de instituir algum lastro para o regime, além da repressão brutal (e no limite que a criatividade de uma trajetória que ansiava por reproduzir o personalismo de seu mentor permitia), criou a Fundação Salazar[21] (Morais; Violante, 1986, p.240).

Cabe agora referirmo-nos às Forças Armadas, particularmente aos passos que levaram à organização do Movimento dos Capitães (MC), apenas observando que o governo procurava anteriormente incentivar no continente a ideia de que havia uma relação positiva dos militares com o que se passava na África; em junho de 1973, por exemplo, realizou-se no Porto um Congresso dos Combatentes do Ultramar, no qual seus participantes assumiram a posição de "combater tudo quanto ameace a unidade e grandeza de Portugal". Houve, no entanto,

---

21 Esta Fundação sobrevive até hoje; e, sinal dos tempos, embora totalmente incompatível com seu anacrônico patrono, dispõe de página na Internet: <www.geocities.com/CapitolHill/Lobby/6559/>.

forte reação por parte de cerca de quatrocentos oficiais, que questionaram a representatividade dos participantes desse evento promovido pelo governo.

Deve-se também atentar para a trajetória do general Spínola. Em maio do mesmo ano, ele promoveu na Guiné, onde era governador e comandante-chefe das FA desde 1968, o IV Congresso do Povo, uma tentativa de marcar a posição de um governo já reprovado internacionalmente em diversas instâncias com uma denominação (por tudo que a sua trajetória iria mostrar posteriormente) de caráter francamente populista. Em agosto, ele deixa a Guiné e, em dezembro, o semanário *Expresso* – de propriedade de liberais (incluindo Sá Carneiro) e fundado no início do ano possivelmente como uma trincheira, na medida em que o afastamento dessa corrente da AN já era tido como certo – informa aos leitores que

> o general António de Spínola conclui a última revisão do seu livro, que sairá em princípios de Janeiro. Trata-se de uma obra de tese, em que o autor analisa a situação portuguesa e apresenta a sua proposta sobre Portugal e o futuro [...],

complementando com a notícia de que Spínola seria em breve nomeado para um "alto cargo militar no departamento da Defesa Nacional". De fato, em janeiro de 1974, Spínola assume a vice-chefia do EMGFA, cargo criado para ele.

Passemos, então, às origens do Movimento dos Capitães, denominação dada ao movimento militar constituído, em sua maioria, por oficiais com essa patente e por majores e que, no início de março de 1974, transformou-se no MFA.

Considerando que a emigração há muito retirava de Portugal contingentes razoáveis de homens jovens anualmente, e que, após o início da guerra colonial, houve um aumento dessa prática por motivos óbvios, as Forças Armadas e, particularmente, o Exército, a cada ano do avançar da guerra, ressentiam-se de quadros, mormente no nível de oficiais, uma vez que os potenciais ocupantes provinham, via de regra, de segmentos sociais mais politizados e bem informados, possivelmente com inserção no meio universitário – o que contribuía para que assumissem uma posição crítica com relação à política ultramarina e, consequentemente, levava-os a sonegar a conscrição, o alistamento militar ou a evitar a possibilidade de ir para a frente de combate, embora isso estivesse se tornando cada vez mais difícil.

Exatamente pelo agravamento da deficiência de quadros de oficiais, em 13 de julho de 1973, o governo emite o Decreto-lei nº 353/73, o qual permitia a passagem dos oficiais do QEO aos quadros permanentes das Armas de Infantaria, Artilharia e Cavalaria, tornando-os capitães, desde que frequentassem um curso intensivo de formação de apenas um ano – em dois estágios de seis meses, primeiro na AM e, depois, na Escola Prática de uma das Armas.[22] No dia 30, ocorrem os primeiros protestos por parte dos oficiais do QP, que cursaram de forma regular a Academia, concluindo um curso superior de quatro anos. Fundamentalmente, os dois processos de formação apresentavam flagrante disparidade quando comparados, mencionando também o fato de que seriam preteridos na fila de promoções. Os milicianos e os oficiais milicianos reagem e divulgam dois documentos: "Estagnação ou progresso?" e "Dos espúrios aos puros".[23]

---

22 O QEO foi criado em 27 de outubro de 1969 pelo Decreto-lei nº 49.324, com a finalidade de propiciar "instrução e enquadramento de unidades do Exército na Metrópole e no Ultramar" (Morais; Violante, 1986, p.209).
23 Considerando que não é nosso propósito discutir o processo inicial de mobilização dos militares, apresentaremos aqui apenas os passos que julgamos relevantes, observando que nos textos seguintes podem ser encontrados dados pormenorizados e, inclusive, cópias, dentre outros, dos documentos aqui referidos: Rodrigues; Borga; Cardoso, 1974 – talvez ainda hoje o melhor relato dessa fase; Afonso, 1984 – um artigo dedicado à estruturação do MC em Moçambique; Woollacott, 1983 – texto que mostra o pioneirismo dos jovens oficiais que estavam na Guiné-Bissau; e Almeida, 1977 – uma espécie de etnografia apaixonada, fartamente documentada, elaborada por um militar que se inclinou à extrema esquerda ao longo do processo revolucionário.

Após um mês em vigor, em discurso na Escola Prática de Infantaria, o ministro do Exército, Sá Viana Rebelo, tenta justificar o Decreto 353; porém, informa que o governo está ultimando algumas alterações em seu texto. De fato, no dia 20 de julho, pelo Decreto-lei nº 409/73, são alterados os artigos terceiro e sexto do instrumento anterior.

As alterações não foram, entretanto, suficientes para reverter os ânimos; em 28 de agosto, um dia antes de Spínola deixar o governo e o comando geral das Forças Armadas na Guiné-Bissau, 51 capitães de diversas armas do QP em serviço nessa colônia – ou melhor, no que ainda restava dela para Portugal – encaminharam tanto ao presidente da República como ao presidente do Conselho de Ministros uma indignada exposição dos motivos de seus protestos, constando, entre outros, que as alterações procedidas pelo governo contemplavam apenas os oficiais superiores, não levando em conta exatamente a situação daqueles "que têm sido e são quem têm suportado em maior grau de dureza as campanhas de África e a instrução das tropas na Metrópole". Eles afirmavam ainda que:

> [...] Estes oficiais, que julgam interpretar o sentir de todos os seus camaradas, ex-cadetes da então Escola do Exército e da atual Academia Militar, sentem-se feridos no seu prestígio, na sua dignidade, no seu brio profissional e ecletismo cultural, ao tomarem conhecimento que o curso da Academia Militar que frequentaram durante quatro anos pode ser substituído por um curso intensivo de dois semestres (Apud Rodrigues; Borga; Cardoso, 1974, p.379-80).

No início de setembro de 1973, a questão demonstra ter mobilizado o oficialato, pois em uma reunião nos arredores de Évora comparecem 136 oficiais de patentes intermediárias, de todas as Armas e Serviços, quando, então, outro documento é elaborado e entregue novamente aos presidentes da República e do Conselho. Agora em tom conciliador, mas com alguma ameaça (o que deveria ser indesculpável em se tratando de meio militar), os oficiais do QP solicitavam que fosse estudada

> [...] uma solução de justiça para os que ingressaram ou venham a ingressar no Quadro Permanente depois de terem prestado serviço como oficiais do Quadro de Complemento [QEO], sem, todavia, comprometer nem os interesses dos oficiais do Quadro Permanente nem o prestígio do Exército que devotadamente servem e estão determinados a não deixarem alienar (Apud Rodrigues; Borga; Cardoso, 1974, p.388).

Em reunião do Conselho Superior do Exército, em 26 de agosto, o ministro Rebelo defende os decretos e coloca-se contra sua revisão ou revogação. Nessa mesma data, um documento firmado por 97 oficiais baseados em Angola reprovando os diplomas é entregue à presidência do Conselho.

Em 6 de outubro, ocorre a primeira decisão dos oficiais, agora já constituindo o MC – cujo sentido, em nosso entender, já ultrapassava o âmbito militar, uma vez que haviam decidido pedir demissão coletiva caso suas solicitações não viessem a ser atendidas. Na metade do mês, o ministro do Exército forma uma comissão com a finalidade de estudar, caso a caso, a situação dos oficiais em função da aplicação dos decretos. O MC, enquanto isso, continuava a recolher e a contabilizar os pedidos formais e individuais de demissão. E, no dia 23, sua CCMC interina divulga um documento-circular descrevendo o embate com o governo desde a publicação do primeiro decreto.

Novembro inicia-se com mais uma circular da CCMC (reunida em Aveiras de Cima), na qual, além da questão dos decretos, novamente chama-se a atenção para o desprestígio cada vez maior das Forças Armadas perante a sociedade. O texto traz uma importante advertência, tendo em vista o vulto que o Movimento vinha tomando, o caráter refratário da maior parte dos militares com relação a assuntos políticos e, ainda (e o mais importante), o fato de que a CCMC cobrava a continuidade das ações deflagradas, mesmo que o governo viesse a revogar os tais decretos (Rodrigues; Borga; Cardoso, 1974, p.412).

No dia 24 desse mesmo mês, em reunião no Estoril, o MC começa seu processo de radicalização, uma vez que é apresentada uma proposta de tomada do poder pela força, um golpe de Estado efetivamente, em contraposição à continuidade do encaminhamento das reivindicações pelos trâmites burocráticos e legais. Essa proposta foi derrotada devido a uma manobra da representação dos paraquedistas, que talvez tenham sido usados nessa ocasião pela primeira vez na Revolução. Entretanto, o militar escolhido para dirigir o golpe, caso essa hipótese tivesse vingado, teria sido o general Costa Gomes, com grande vantagem sobre o general Spínola – o segundo mais votado. Dois dias antes, o governo, com um novo titular na pasta do Exército – Andrade e Silva –, procede à reorganização dos cursos da AM por meio de decreto, assim como à reestruturação de seu quadro de professores.

Em 1º de dezembro, um dia após a ONU reconhecer a Guiné-Bissau como um país independente, o MC, reunido em Óbidos, decide prosseguir com as negociações com o governo em torno dos decretos. Mas, nessa reunião, é formalmente escolhida uma Comissão Coordenadora efetiva, composta de dezenove membros, que começa a avaliar com atenção a possibilidade de tomarem o poder. No dia 8, na Costa da Caparica, após a escolha da direção dessa Comissão Coordenadora – tornando dirigentes o capitão Vasco Lourenço e os majores Otelo Saraiva de Carvalho e Vítor Alves –, são formadas comissões que irão, na verdade, planejar e articular uma rebelião militar. Ao mesmo tempo, dando mostra de que não estava disposto a atender às reivindicações dos oficiais do QP, Caetano oficializa os decretos que estão sob questionamento, regularizando a situação dos oficiais que ascenderam do QEO ao QP a partir da frequência aos cursos regulares da AM.

Cabe aqui chamar a atenção para um fato que, de algum modo, reduz as dúvidas sobre até que ponto o governo teria ou não conhecimento das articulações dos oficiais. No dia 15 de dezembro, a revista *Jeune Afrique*, que possuía boa repercussão em Portugal, publicou um artigo que se iniciava com a seguinte afirmação:

[...] Paradoxo português: os liberais, eliminados nas eleições de 28 de outubro, põem as suas esperanças no Exército e no general Spínola.

Duzentos oficiais do Exército português reuniram-se secretamente em outubro em plena campanha eleitoral para falar de política. A polícia política e, portanto, o Governo estavam necessariamente ao corrente, pelo que é de admirar que tal reunião tenha podido ocorrer.

Teriam sido abordados, entre outros assuntos, a guerra colonial e o futuro político de Portugal, com ou sem colônias (Apud Saraiva de Carvalho, 1975b, p.510).

O artigo prosseguia considerando a particular situação da economia portuguesa, que era comandada, ainda que possa parecer incrível, por oito grupos econômico-financeiros, que detinham o controle dos principais setores da economia corporativa – cerca de catorze famílias e o Banco Nacional Ultramarino (Paschkes, 1985, p.46) – e buscavam uma solução política liberal para o país enquanto era tempo; daí a criação da Sedes e a fundação do jornal *Expresso*. Em meio a perguntas sobre possíveis caminhos para o futuro do país, a matéria observava que crescia em Lisboa a hipótese de Spínola vir a ocupar o lugar de Américo Tomás na presidência da República.

No último dia do ano, militares de direita tentam um golpe de Estado, certamente por avaliarem o crescimento e as possibilidades de sucesso por parte do MC.

Os dois primeiros meses de 1974 assistirão à progressiva politização e organização do MC visando a tomada do poder, enquanto Spínola movimenta-se no mesmo sentido, dando passos que certamente julgava consolidar uma proposta salvacionista que se apresentasse como a única alternativa viável para o país e suas colônias.

Nesse sentido, em 15 de janeiro de 1974, ele assume o terceiro posto na hierarquia das Forças Armadas, logo abaixo de Costa Gomes. Este, por sua vez, e na qualidade de CEMGFA, desloca-se para Moçambique, onde estão ocorrendo sérios conflitos (na Beira) entre a "população branca" e integrantes das Forças Armadas portuguesa –, sendo que estes são acusados de "não combaterem o terrorismo e de não cumprirem o seu dever". O problema era de grandes proporções e exigia mesmo a presença de uma autoridade da metrópole: a "população branca" revoltara-se após a morte de uma mulher europeia, decorrente de um ataque da Frelimo a uma região que, até então, a guerrilha não tinha tido acesso –, donde as acusações aos militares. Na verdade, porém, tratava-se da consolidação e ampliação da ação guerrilheira.

Na sequência desses acontecimentos, o MC em Moçambique assume a defesa das Forças Armadas – que estavam sendo, segundo o Movimento, "enxovalhadas" e usadas como "bode expiatório" – e exige que os fatos sejam apurados e que os oficiais superiores responsáveis sejam punidos (Almeida, 1977, p.238). Essa situação motivou ainda o envio de dois telegramas do MC de Moçambique para Lisboa, os quais

> [...] viriam relançar a questão colonial no seio do movimento em Portugal, onde a sua pujança tinha de alguma forma diminuído depois das medidas governamentais do final do ano de 1973 – alteração dos altos cargos políticos das pastas militares, revogação dos decretos do Verão, aumento dos vencimentos etc. (Afonso, 1984, p.484-5).[24]

Em 10 de fevereiro, em discurso no encerramento da conferência anual da ANP, Caetano descarta a possibilidade de adoção de uma solução federativa para Portugal, considerando fora de propósito, pouco mais de uma década depois, sua proposta dos idos de 1962, quando fora consultado por Salazar.

Entretanto, o acontecimento que monopolizou as atenções em fevereiro foi o lançamento do livro de Spínola, *Portugal*

---

24 Há aqui uma questão menor, tendo em vista o rumo dos acontecimentos, mas não desinteressante: os decretos não chegaram a ser formalmente revogados (Rodrigues; Borga; Cardoso, 1974, p.323).

e o futuro. Por ele ser um militar, a publicação teve que ser autorizada por seu superior hierárquico, Costa Gomes, que o fez por meio de um parecer que não só aprovava a publicação como também elogiava a proposta para "[...] resolver o maior problema com que a Nação se debate – a guerra no Ultramar". Os pontos principais preconizavam a democratização do país, sua integração à Europa pela adesão à CEE, o fim da guerra e a adoção de um sistema federalista (Spínola, 1974a).[25] Esse, então, era o novo futuro desejado por um velho aspirante ao poder, ou talvez um velho aspirante a Salazar, que fechava seu livro estrategicamente pré-divulgado[26] oferecendo-se modestamente sob um manto, digamos, romano:

> [...] Ao terminar o nosso depoimento desejamos esclarecer que não nos julgamos detentores exclusivos da verdade. Outras soluções existirão, porventura mais válidas, e por isso entendemos que o problema em causa, pela sua transcendência e projeção nacional, deve ser amplamente debatido em ordem a esclarecer convenientemente a Nação sobre o esquema que deve

---

25 "Defendemos, por isso, uma solução do problema nacional baseada numa ampla desconcentração e descentralização de poderes em clima de crescente regionalização de estruturas político-administrativas dos nossos Estados africanos, num quadro de raiz federativa. E se for essa a opção de vinte e cinco milhões de portugueses, haverá que assegurar, então, contra os extremistas, o cumprimento da vontade da Nação" (p.240-1).

26 Segundo Carlos Lacerda, que, não esqueçamos, além de político carioca de expressão nacional, também era editor, a edição portuguesa de 50 mil exemplares esgotou-se em 12 horas, não tendo havido, entretanto, reimpressão, motivo pelo qual não chegou logo às colônias. Em 31 de março de 1974, prefaciando a quarta edição brasileira, a cargo de sua editora, Lacerda vaticinava: "([...] Portugal não será mais o que era antes de 23 de fevereiro de 1974, data em que este livro veio, por poucas horas, às mãos do público", assim como frisava, do alto de sua convivência com golpes e ardis políticos, que "([...] o Autor não foi preso – pelo menos até a impressão destas linhas – nem exilado, nem mesmo morto em acidente; nem lhe atribuíram, até agora, vícios nefandos ou crimes hediondos" (*Apud* Spínola, 1974b, p.9; 12).

presidir aos seus destinos. Foi em obediência a este imperativo que, insistentemente solicitados, concordamos na publicação deste livro, que outra finalidade não tem senão apresentar à reflexão dos seus leitores uma análise realista e imparcial da atual conjuntura portuguesa, com vista à construção do futuro a que nove séculos de História nos deram pleno direito (Spínola, 1974a, p.244).

O discurso de Caetano no início do mês antecipava a defesa do governo frente às posições dessa liderança militar. Por outro lado, a publicação serviu para aproximar Spínola dos capitães, que nessa altura estavam preparando a transformação do MC em MFA e determinando claramente seu caráter político. De fato, em 5 de março de 1974, em reunião do MC em Cascais, são aprovadas as bases do futuro programa do MFA, consubstanciado no documento "O Movimento, as Forças Armadas e a Nação", que se centrava, primeiro, na denúncia de que o governo, sabedor de que a guerra não tinha futuro promissor para Portugal, agia no sentido de que a responsabilidade pela perda da África viesse a recair sobre as Forças Armadas e, em segundo lugar, na reafirmação de que

[...] O problema maior do povo português, e que em larga medida condiciona todos os outros é, neste momento, o da guerra em três territórios africanos: Angola, Moçambique e Guiné. A questão é gravíssima e está na base de uma crise geral do regime, já incontrolável pelo poder (Apud Neves (org.), 1976a, p.17-8).

Também a partir dessa reunião, iniciaram-se os contatos do MFA com as organizações partidárias clandestinas (Morais; Violante, 1986, p.245 e Rodrigues; Borga; Cardoso, 1974, p.336), um sinal importante, em nosso ponto de vista, de que, desde a sua gestação, a Revolução foi pensada pelos militares, em seu conjunto, abrigando os partidos políticos já no primeiro momento e com intenção de que fosse formado um espectro pluripartidário.

Nesse mesmo dia, a imprensa noticia que a Comissão de Direitos Humanos da ONU recomendara que o Conselho Econômico e Social da Organização condenasse "vigorosamente" o trio África do Sul, Portugal e Rodésia pela "persistente e flagrante desobediência" às moções e resoluções das Nações Unidas sobre autodeterminação e direitos humanos na África. Essa recomendação do CDH obteve dezenove votos, três abstenções e um voto contrário, exatamente o americano. Sinal de que a visita de Kissinger (então secretário de Estado) a Lisboa no final de 1973 estava surtindo efeito.

Porém, ainda nessa mesma data, Caetano, em discurso na AN ("Reflexão sobre o Ultramar"), reprova veladamente a atitude de aproximação que existira entre Spínola e o PAIGC e transfere para a AN a responsabilidade pela decisão de continuar a guerra (Dossier, s.d., v.1, p.13-20). A Assembleia, que, como vimos, pertencia toda à ANP, aprovou por unanimidade a continuidade da política colonial do governo.

No dia 9 de março de 1974, dá-se a primeira reação do governo ao MFA, pois quatro oficiais são transferidos de suas unidades: sendo três detidos e dois destes recebendo ordem de embarque para os Açores – um deles é o capitão Vasco Lourenço, um dos líderes e membro da Comissão Coordenadora do Movimento. Produz-se logo na Marinha um documento, assinado por 125 oficiais, de solidariedade aos oficiais do Exército detidos. Mostrava-se com isso a amplitude que já alcançava o MFA.

O governo resolveu, então, demonstrar sua força no meio militar, pelo menos no escalão superior, realizando, no dia 14 do mesmo mês, uma romaria de oficiais generais ao palácio do governo, com a finalidade de produzir uma demonstração pública de que a política colonial também recebia total apoio das Forças Armadas; um beija-mão que reuniu um seleto grupo que, em boa hora, foi chamado de Brigada do Reumático. Entretanto, não compareceram ao palácio São Bento, sede do governo, Costa Gomes, Spínola, Kaúlza de Arriaga, Silvério Marques e Tierno Bagulho. Os dois primeiros, em ato no mesmo dia, foram exonerados. O que Marcello Caetano não atinava era para o fato de que ele, com esse gesto, havia iniciado a contagem regressiva para a Revolução.

Em 16 de março, no entanto, há um levantamento no Regimento de Infantaria nº 5, sediado em Caldas da Rainha, cujas explicações carecem até hoje de maior coerência, tendo em vista a grande desinformação, e até mesmo o desconhecimento, ainda reinante no meio militar sobre o MFA. De qualquer forma, tudo indicou posteriormente que servira de modo involuntário para mascarar as ações do Movimento, na medida em que reforçou a autoconfiança do governo, que, em decorrência, prendeu 33 oficiais. Afinal, a nota oficial que dava conta do sufocamento do levante não só o minimizava como terminava com uma das variantes de um indefectível bordão das ditaduras: "Reina a ordem em todo o País".

Tendo em vista o desenrolar dos últimos acontecimentos, a Comissão Coordenadora do MFA decide acelerar a tomada do poder e refazer o planejamento militar da operação, cujo encarregado era o major Otelo Saraiva de Carvalho, uma vez que decide também que o golpe se daria entre 20 e 27 de abril.

Neste mês de início da libertação, devemos assinalar que, no dia 9, ocorrera um fato fora de controle: uma explosão de pequenas proporções no navio Cunene, que se preparava para partir para a África. E, também, outro ponto a ser realçado é que pelo menos os principais partidos políticos deram mostra de que estavam, em meados do mês, a par da gestação e da aproximação do golpe. O MDP referiu-se ao levante de Caldas como um movimento inserido em algo mais amplo; o PS também endossou essa visão e a complementou, afirmando que o fato mostrava a "saturação psicológica no seio das Forças Armadas, [...] fenômeno de decisiva importância para acionar os mecanismos de desagregação do poder"; e, finalmente, o PCP, no último número clandestino de seu jornal *Avante!*, fez uma exortação no sentido de que era necessário "aliar à luta antifascista os patriotas das Forças Armadas".

Finalmente, no dia 28 de março, o chefe do governo tivera, pelo rádio e televisão, aquela que seria a sua última "conversa em família", um tanto quanto lamuriosa, mas, sobretudo, delirante – aliás, como nos momentos difíceis de Salazar. O teor de seu encerramento, naquela altura, era uma sentença de morte ao regime:

> [...] Não. Enquanto ocupar este lugar não deixarei de os ter presentes, aos portugueses do ultramar, no pensamento e no coração. Procuremos as fórmulas justas e possíveis para a evolução das províncias ultramarinas, de acordo com os progressos que façam e as circunstâncias do mundo: mas com uma condição, a de que a África portuguesa continue a ter alma portuguesa e que nela prossiga a vida e a obra de quantos se honram e orgulham de portugueses ser! (Dossiê, s.d., v.1, p.40).

O governo demonstrava, assim, não ter consciência do presente, pois seu chefe falava em evolução, enquanto o país estava às vésperas de uma revolução que imploriria de vez com os escombros do almejado "futuro" salazarista. Não chegava a ser uma novidade, uma vez que, em entrevista ao *Le Point*, em 18 de março – portanto, há pouco mais de um mês de sua destituição junto com o regime –, Caetano mostrara que não entendia, de fato, nada de futuro. Na reportagem, ele divagava – a partir de um personalismo absurdo e comprometedor de sua reputação de excelente jurista – sobre o país em um prazo infinito, enquanto o futuro já havia novamente chegado para Portugal. Nessa ocasião, afirmara que

> quer por tradição, quer por efeitos da minha educação jurídica, nunca faço previsões. Nunca sei o que o futuro nos reserva e é-me impossível prever a situação daqui a alguns anos (Apud Morais; Violante, 1986, p.245).

3. 1974-1976: A Revolução dos Cravos entre o passado e o futuro

> "25 de abril. O futuro começou".
> *Movimento 25 de Abril*. Boletim das FA,
> 12 de novembro de 1974.

De fato, a partir da noite de 24 e da madrugada de 25 de abril de 1974, um novo futuro delineou-se para Portugal. O MFA consumou suas intensas articulações, iniciadas em meados do ano anterior, e, com uma ação cuidadosamente planejada, as Forças Armadas tomaram o poder praticamente sem violência, a não ser a causada pelo desespero e insensatez dos que estavam na sede da Pide/DGS, que dispararam e feriram cinco pessoas com gravidade. Esse triste episódio evidenciou, no entanto, a massiva adesão da população à Revolução, fato, de resto, fartamente documentado, sobretudo em fotografias.

Desse apoio intenso, cujo momento maior talvez tenha se dado no Largo do Carmo, em episódio insólito que relataremos mais à frente, surgiram os cravos vermelhos, um gesto de gratidão do povo, carregado de simbolismo e, curiosamente, no futuro imediato, ícone de um fugaz desejo de construir o "socialismo português".

Tal propósito, por um lado, beneficiou-se de pelo menos oito fatores que acabaram por conferir características próprias à Revolução dos Cravos. Por outro, obrigou à estruturação de uma complexa arquitetura estatal, a partir dos escombros do Estado Novo implodido e tendo por base uma contradição potencial que, ao agravar-se, demarcou o seu período de libertação: o comando da Revolução, exercido por um órgão colegiado militar – um conselho –, tornou-se incompatível com a proposta de estabelecimento de um regime democrático pluripartidário, característico do que já se insistia em chamar na época (sobretudo em contraposição aos países do outro lado da Cortina de Ferro) de "mundo ocidental livre".

Foi um movimento paradoxal, sem dúvida, pois esse caminho estava incrustado na própria raiz da Revolução. No entanto, mostrou-se como uma ocorrência típica em se tratando de processos revolucionários, devido à dinâmica e complexidade destes, que raramente comportam retificação de posições e ações, principalmente se comportarem outro paradoxo: a garantia total do exercício de liberdades clássicas sob um governo tecnicamente autoritário (quando avaliado pelo mesmo padrão democrático acima referido).

Seis Governos Provisórios e um destino

A trajetória inicial e crucial, os exatos dezenove meses que perfazem o período entre 25 de abril de 1974 e 25 de novembro de 1975, longo e intenso momento marcado por fortes singularidades político-institucionais,[1] pode ser segmentada em quatro etapas, que constituem o período de libertação da Revolução.

---

1 Considerando que esta seção tem por objetivo apresentar não somente algumas características político-institucionais deste período, mas também o ambiente no qual as considerações desta seção e da seguinte estarão imersas, e que este tipo de exercício inevitavelmente carrega uma ótica pessoal, optamos por não quebrar o relato com excessivas notas de rodapé, utilizando-as apenas em questões demasiadamente polêmicas ou para identificar a origem das citações. A base para o estabelecimento deste quadro histórico foi dada fundamentalmente por documentos oficiais e depoimentos mencionados nas Referências Bibliográficas, dentre eles: *Dossiê A Revolução das flores* [s.d.]; *Dossiê Segunda República*, 1976; Morais e Violante, 1986; Neves, 1975/76; Rodrigues, Borga e Cardoso, 1974/1976/1979; Santos, Cruzeiro e Coimbra, 1997; Movimento 25 de abril – *Boletim Informativo das Forças Armadas*, 1974/1975, que será referido como *Boletim*.

Primeira etapa

Após a instauração da JSN na madrugada de 26 de abril – que, num programa mínimo, assume o compromisso de "garantir a sobrevivência da Nação como Pátria Soberana no seu todo pluricontinental"[2] e (coerente com este compromisso) não se pronuncia quanto à independência ou, pelo menos, quanto à autodeterminação das colônias –, é instalado o Primeiro Governo Provisório (de 16 de maio de 1974 a 17 de julho de 1974, ou seja, 32 dias), logo sucedido pelo Segundo (de 18 de julho de 1974 a 30 de setembro de 1974, 72 dias). Isso ocorreu porque o primeiro-ministro, Palma Carlos, um civil e também professor e advogado, demitiu-se no início de julho, em meio a uma tentativa contrarrevolucionária de caráter palaciano, por não ver atendidas suas exigências: antecipação da eleição para a presidência, adiamento das eleições legislativas e, naturalmente, reforço de seus efetivos poderes. Ambos os governos colocaram prematuramente em risco a própria Revolução (apud Dossiê Segunda República, 1976, v.1, p.24).

O estancamento de um golpe em 28 de setembro de 1974, com a notória participação de componentes desses dois governos, obriga uma fração dos militares revoltosos a ser expelida do movimento. O general Spínola, presidente da República nessas duas gestões, não consegue viabilizar com competência um golpe de mão, urdido no interior do que ele chamou de "maioria silenciosa do povo português" e intentado por uma

---

[2] Cabe ressaltar que essa "Proclamação ao País", lida por Spínola, teve como base a primeira versão do programa do MFA, que seria apresentada à população na manhã de 26 de abril e foi redigida, em março, pelo major Melo Antunes. Essa primeira versão foi discutida tanto com Costa Gomes quanto com Spínola, visando a adesão deles ao Movimento e tendo ambos sugerido alterações. Entretanto, nenhum dos dois glosou a parte referente ao direito à autodeterminação das colônias, o que viria a ser feito por Spínola apenas próximo a 25 de abril. Vale dizer, pelo caráter e simbolismo do momento, que os termos da primeira declaração pública seriam, inevitavelmente, fortes condicionantes para o futuro da Revolução (Cf. Rodrigues; Borga; Cardoso, 1976, p.299-302).

minoria ainda poderosa, que evidentemente estava insatisfeita e ansiosa. Ansiosa, sobretudo, por desvendar o destino de um país que, rendido às evidências históricas, admitira, no final de julho, como legítimo o direito de suas colônias à independência – como ocorreu, desta vez formal e bilateralmente, com a Guiné-Bissau em 10 de setembro. Tal reconhecimento, precisamente por estar na própria essência da Revolução, representava uma questão de vida ou morte tanto para os revolucionários quanto para os contrarrevolucionários, preocupados com os interesses coloniais.

O desfecho é facilmente previsível: o general Spínola – que afirmara ao discursar na instalação do Segundo Governo, na posse do coronel Vasco Gonçalves como primeiro-ministro, que o movimento dos militares havia sido deflagrado com a finalidade de "salvar a pátria" e não de implantar em Portugal um sistema de governo determinado – renunciaria no último dia de setembro. Assim, imaginava-se que os descontentes extremados haviam sido afastados da possibilidade de minar os propósitos revolucionários, principalmente com relação ao destino da África portuguesa. Observe-se, entretanto, que os partidos políticos que tiveram ativa participação nessas duas reações mostraram que poderiam opor uma resistência truculenta, e mais, que poderiam viabilizar uma contrarrevolução como defesa, pois a Revolução ameaçava seus integrantes. Por sua vez, o MFA, no dia seguinte à tomada do poder, divulgara seu programa. Orientado fundamentalmente para o desmonte da herança salazarista deixada por Caetano, ele preconizava, "a curto prazo, a formação de um Governo Provisório Civil", assim como a dissolução da JSN e a volta dos militares aos quartéis após a eleição de uma Assembleia Legislativa e de um presidente para a República. Enfim, um projeto com todos os ingredientes para a formal democratização do país, porém, com uma insuportável omissão: a independência das colônias africanas, exatamente o motivo que levou o Movimento a se politizar.[3]

---

3 Observemos que após a leitura, feita por Spínola, do primeiro comunicado à nação é que se daria o primeiro grande impasse entre os militares

Segunda etapa

Tais propósitos começaram finalmente a ser consolidados a partir da instalação do Terceiro Governo Provisório, em 1º de outubro de 1974 (e que duraria até 25 de março de 1975 – 179 dias), quando assume a presidência o general Costa Gomes, sendo o coronel Vasco Gonçalves mantido como primeiro-ministro. Prova disso é o cumprimento, em 11 de fevereiro de 1975, do compromisso inicial do Movimento: a marcação da eleição do programa da AC para 12 de abril desse mesmo ano.

Precisamente um mês após essa resolução do governo, e envolvendo os mesmos personagens das tentativas anteriores – que posteriormente, fora do país, juntaram-se a figuras ligadas ao antigo regime (os asseclas da "maioria silenciosa"), seguros de que o afastamento de seu representante maior da cúpula dirigente impossibilitava a resistência adequada aos anseios dos militares revolucionários que permaneceram no poder –, voltaram a tentar, sob o comando do próprio Spínola, um novo contragolpe. Não obstante a ousadia que a princípio o incidente espelhou, caracterizou-se efetivamente pela total imprudência e insensatez da ação militar, deflagrada a partir da malversação de informações dentro de unidades militares, o que levaria posteriormente à criação de um Centro de Contraboatos![4]

---

do MFA, na medida em que membros da JSN, mas não somente eles, discutiram os termos finais do programa a ser apresentado à população no dia seguinte, e Spínola conseguiu que continuasse valendo sua posição quanto à África (Rodrigues; Borga; Cardoso, 1976, p.303-4 e Almeida, 1978, v.1, p.51).

4 Spínola, além de ter colocado sob suspeita sua real competência como estrategista militar, deveria ter se valido dos ensinamentos de Salazar, a quem não renegava – haja vista a posição de ambos sobre o ultramar – que, em sua visão da política como uma relação amigo/inimigo, sentenciava em discurso para os Legionários, em 1938, onde o inimigo era o comunismo: "Uma das maiores fontes do temor é a ignorância do inimigo; não saber quem seja, qual o seu número, a sua força, as armas que dispõe, as suas posições, a direcção dos seus ataques paralisa ou enfraquece os mais esforçados ânimos. Nenhum general se arrisca a dar batalha sem ter colhido

Dessa forma, o acontecimento de 11 de março de 1975 – quando uma unidade de paraquedistas do norte do país atacou um quartel de artilharia situado nos arredores de Lisboa –, além do demérito de ter ocasionado uma das baixas dentre as pouquíssimas debitáveis ao processo revolucionário até novembro de 1975, propiciou também a sua institucionalilzação, determinando a substituição dos órgãos governamentais de decisão. A partir de então, o governo regulamentou a atividade dos partidos, promulgou a Lei Eleitoral, promoveu a cassação de direitos políticos e estabeleceu uma nova data para as eleições à Constituinte. Em 25 de abril desse mesmo ano, o MFA pronunciava-se contra a orientação econômica do próprio governo e lançava uma Campanha de Dinamização Cultural, com duas finalidades: (1) "coordenar e apoiar imediatamente todas as associações culturais do país [...]", visando o estabelecimento de uma "rede cultural", e (2) "atuar politicamente com uma presença efetiva de militares junto à população [...]", para esclarecer porque o país encontrava-se em "situação lamentável", divulgar o Programa do MFA e estimular a "[...] participação do povo na vida nacional". Reafirmava ser necessário manter sua isenção partidária, tal como esclarecera por comunicado em 6 de novembro de 1974, quando foi declarado que "o MFA não tem partido".

Entretanto, ainda em fevereiro de 1975, seu Conselho Superior incumbiria o órgão máximo do Movimento – a Assembleia dos Duzentos – de estudar sua institucionalização. Assim, logo após a terceira tentativa de contragolpe, o MFA, alegando a necessidade de "tomar atitudes muito firmes", no sentido de garantir o espírito e a execução de seu programa, decide extinguir a JSN e institucionalizar-se imediatamente. Nesse sentido, estabelece a AMFA, constituída por 240 representantes – oficiais, sargentos e praças – dos três ramos das Forças Armadas, e o CR, sendo que este segundo órgão – também formado apenas

---

e estudado as informações mais minuciosas; e de não serem suficientes ou precisas se arriscam ou perdem muitas vitórias". Ou, acrescentaríamos, perdem até mesmo a guerra, como foi o caso de Spínola.

por militares e substituindo principalmente a JSN – passava a ser o centro de decisões políticas e institucionais da Revolução, embora institucionalmente devesse subordinar-se à AMFA, que, por sua vez, tinha por competência:

> [...] 1. Elaborar, discutir e aprovar propostas a apresentar ao Conselho da Revolução sobre as matérias da competência deste;
> 2. Analisar a evolução da vida nacional e sobre a mesma emitir pareceres;
> 3. Apreciar os atos do Conselho da Revolução praticados no exercício das suas atribuições;
> 4. Elaborar e aprovar o seu regimento interno;
> 5. Retirar o mandato a qualquer dos seus membros, excetuando o Presidente da República, nos termos que vier a ser aprovado.

Seguindo essa lógica, a fração dos militares comprometida com a efetiva alteração do quadro político-militar havia tomado providências, visando garantir os propósitos inspiradores do seu movimento. Então, após a nacionalização dos bancos e das companhias de seguro e a suspensão de alguns partidos políticos (até as eleições de abril),[5] foi editada, no final de março, a Lei Constitucional nº 6/75, que dispôs sobre a Constituição e formação dos futuros Governos Provisórios, determinando uma nova realidade institucional.

Terceira etapa

A terceira etapa da Revolução inicia-se em 26 de março, com a instalação do Quarto Governo Provisório (de 26 de março de 1975 a 7 de agosto de 1975 – 131 dias) – tendo à frente os mesmos Costa Gomes e Vasco Gonçalves –, quando tudo parecia caminhar para o melhor ou, pelo menos, para o previsto, como se fosse realmente possível se prever algo em revoluções.

---

5 Referimo-nos à suspensão do PDC, diretamente envolvido com as tentativas de contragolpe, da AOC, trotskista, e do MRPP, maoísta, como medidas preventivas à radicalização da campanha eleitoral

Nesse contexto, em abril de 1975, ocorreram quatro fatos que delinearam o futuro político do país e, em termos imediatos, evidenciaram as dificuldades próprias do caminho escolhido. Primeiro, o estabelecimento de um pacto entre o MFA e segmentos de partidos de direita (CDS), de centro-direita (PPD), de centro-esquerda (PS; PCP; MDP) e de esquerda (FSP) que gerou o Documento/Pacto Plataforma Constitucional Partidos-MFA, justificado pela última tentativa de contragolpe, em março, e pela necessidade de preservação e garantia da execução do Programa do MFA, de forma a possibilitar a

> [...] continuação da revolução política, econômica e social, iniciada em 25 de abril de 1974, dentro do pluralismo político e da via socializante que permite levar a cabo, em liberdade, mas sem lutas partidárias estéreis e desagregadoras, um projeto comum de reconstrução nacional [...].

Vale chamar a atenção para alguns pontos de seu texto: (1) a declaração de que a criação do Conselho da Revolução não significava de forma alguma a substituição ou a marginalização dos partidos "autenticamente democráticos"; (2) a constituição de uma comissão do MFA para acompanhar os trabalhos da Assembleia Constituinte e colaborar com os partidos signatários; (3) o compromisso desses partidos em "não pôr em causa a institucionalização da MFA" e em inscrever na futura Constituição a estrutura dos órgãos de poder e suas respectivas atribuições – que deveriam vigorar durante o período de transição a ser estabelecido na própria Carta, constando dessa estrutura, logo abaixo da presidência da República, o Conselho da Revolução e a AMFA; (4) e, por fim, os propósitos de que as Forças Armadas continuarão a garantir o processo transitório e de que a Constituição deverá "consagrar os princípios do MFA", assim como os ganhos já obtidos e os que vierem a se realizar, "impostos pela dinâmica revolucionária que, aberta e irreversivelmente, empenhou o País na via original para um socialismo português".

Logo depois, houve uma reafirmação pelo Conselho (agora com a explicitação do compromisso com uma opção socialista para o país, enfatizado pelo CR como uma "tarefa dos trabalhadores"), respaldada pela Assembleia do MFA da Armada. Esta última deliberara pela

> constituição de um sistema pluripartidário formado pelas forças políticas verdadeiramente interessadas na revolução socialista, de forma a garantir a construção do socialismo, a defesa eficaz do processo revolucionário e as liberdades democráticas.

Estava, assim, selada a primeira grande decisão de caráter ideológico da Revolução. Os dois outros fatos que merecem ser ressaltados referem-se à própria Assembleia Constituinte: sua eleição em abril, uma verdadeira festa cívica, e sua instalação no início de junho.

Em meio a definições dessa ordem, que pretendiam assegurar um rumo político ideologicamente mais preciso para a Revolução, estavam sendo desenvolvidas as campanhas dos partidos políticos para a eleição da Assembleia, adiada de 12 para 25 de abril – data que fora, então, instituída como o Dia de Portugal.

O mesmo clima político posterior ao 11 de março, que induziu o governo a declarar-se por uma opção socialista, envolve a campanha eleitoral. Nesse caso, porém, isso é feito de forma muitíssimo singular: certa quantidade de socialismo, nem sempre muito bem explicado ou soletrado, esteva presente nas plataformas ou, mais comumente, nos discursos; entretanto, excluídos os poucos discursos extremados (claros ou travestidos), a moderação foi a tônica. Externar uma perspectiva equilibrada para o futuro político do país tornara-se quase uma obrigatoriedade. O PCP, por exemplo, retirou de seu programa, pelo menos no distribuído como material de divulgação, a inexorável pretensão de instalar uma "ditadura do proletariado".

Essa busca do ponto médio, como resultado de um ano de revolução, conduz a esquerda moderada a uma vitória nas urnas.

Assim, o PS – que se apresentara como a esquerda consequente e palatável – e o PPD – que vinha ocupando um recorte do espaço social-democrata, embora fosse difícil classificá-lo nesse rótulo – saíram consagrados da apuração, alcançando juntos 195 das 249 cadeiras da Assembleia, isto é, 78% da composição. As cadeiras restantes ficaram assim distribuídas: 36 para demais segmentos de esquerda e 18 para outras posições.

Além da opção pela moderação, esse resultado nos permite duas outras constatações: a direita foi pulverizada e o PCP não conseguiu preencher o espaço que dizia possuir. Tais ilações podem ser mensuradas pela análise do texto final da Constituição promulgada em 1976.

Como se pode facilmente verificar, buscava-se para o período chamado de "transitório" – que sucederia este período de libertação e deveria ser fixado na nova Constituição entre três e cinco anos –, no fim do qual deveria ocorrer uma revisão constitucional (como de fato aconteceu): a necessária e delicada compatibilidade entre a conformação do poder, e o seu exercício por um órgão criado pela Revolução e constituído apenas por militares, e os partidos políticos, entidades que assumiram no mundo contemporâneo a representação política da sociedade civil.

No entanto, os partidos que faziam parte deste Quarto Governo Provisório, e que subscreveram o primeiro Pacto Constitucional com o MFA (por força da dinâmica da campanha para as eleições e, principalmente, pela necessidade de demarcar posições firmes nas discussões da Constituinte) intensificaram suas dissensões, o que acabou por se refletir no gerenciamento do processo político-institucional. Destacava-se nesse quadro o fato de que a repartição de postos e funções governamentais, que orientou a participação dos partidos na formação do governo, tornara-se incompatível com o resultado eleitoral. Essa situação fora agravada em decorrência do controle direto que o PCP desfrutava sobre os órgãos estatais de comunicação, e também da interferência indireta sobre os não estatais por meio da atuação de seus quadros e de sua fervorosa militância.

Nesse ambiente minado por uma tensão crônica, duas crises foram importantes: o conflito entre a Rádio Renascença (uma emissora pertencente à Igreja e que foi a transmissora da senha da Revolução, a canção *Grândola, Vila Morena*, de Zeca Afonso – cantor e compositor, símbolo da resistência à ditadura no meio artístico, conhecido por suas canções de "intervenção" e de "protesto") e nove trabalhadores demitidos, uma crise estrategicamente requentada na verdade, pois o episódio ocorrera em setembro de 1974. A outra crise deu-se em torno do jornal *República*, em maio de 1975, quando o PS foi acusado por trabalhadores do vespertino de ter "tomado" o jornal, transformando-o em um órgão oficioso do partido. Nos dois casos, é possível encontrarmos o PCP enredado: no primeiro *versus* a Igreja, e no segundo *versus* o PS. Este último embate determinou uma violenta reação do Partido Socialista, que se ausentou do governo até o final de maio, quando reconsiderou sua posição; contudo, continuou protestando contra o que chamou de duplo comportamento do PCP, um fora e outro dentro do governo, e também contra a intensificação das retaliações ao partido socialista, que, nas comemorações do 1º de maio de 1975, tivera seu líder maior, Mário Soares, impedido de chegar ao palanque de onde discursavam o Presidente e o Primeiro-Ministro.

Enquanto isso, os militares reservaram um dos itens da agenda da primeira AMFA após as eleições à "análise da evolução da situação política desde 11 de março". Nessa Assembleia, presidida por Costa Gomes, a Comissão Política do CR apresentou seu balanço do pleito eleitoral, criticando com rigor as estratégias partidárias – consideradas passíveis de exploração contrarrevolucionária nos seguintes aspectos:

a) Os partidos concederem prioridade à estratégia de "não perder votos", relegando para segundo plano as tarefas concretas da construção do socialismo, eventualmente pouco agradáveis à respectiva clientela eleitoral. Esta atuação traduzir-se-á por uma desmobilização perigosa das massas trabalhadoras;

b) Tentativas de transposição mecânica dos resultados eleitorais para o domínio do aparelho de Estado (recomposição do atual Governo, conquista de autarquias locais em zonas "reacionárias" etc.), ou da estrutura sindical, originando, como consequência, uma incentivação e [um] alastramento de reivindicações salariais incomportáveis;

c) Tentativas de "pressão" sobre o MFA, jogando com o peso eleitoral;

d) Tentando "isolar" o MFA com partidos minoritários, demonstrando assim que o MFA não é apoiado pela maioria do povo português;

e) Exploração, no seio do MFA, de eventuais rupturas provocadas pelo reflexo dos resultados eleitorais;

f) Risco de divisão das massas populares interessadas no processo revolucionário, criando um clima pernicioso de disputa partidária, tipo "Benfica-Sporting".

Esses temores, que se mostraram mais do que justificados em um futuro bem próximo, estavam assentes em considerações desse mesmo documento, que tentava estabelecer uma necessária, mas temerária, relação entre as eleições e a Revolução, ou melhor, a viabilidade de sua continuidade. Segundo o documento:

(1) o MFA havia contraído uma aliança com o povo português, e ambos assumiram o propósito de implantar o socialismo "por uma via de pluralismo revolucionário";

(2) existia a possibilidade "de utilizar os resultados eleitorais, esquecendo que eles estão enquadrados numa revolução, o que significa que não se pretende alcançar o socialismo, ou então apenas se pretende a revolução, ignorando completamente a realidade das eleições. Dado que o nosso processo comportou esta contradição, forçoso é superá-la, extraindo das eleições as consequências que interessem e não ponham em causa o processo revolucionário em curso";

(3) Esta será "a única ótica possível a um revolucionário consequente: a maioria do eleitorado português aderiu ao

projeto socialista do MFA, concedendo-lhe o seu aval ao votar prioritariamente nos partidos políticos que propuseram um programa claramente socialista. Mas, mais importante que isso: ao ratificar, pela votação, o pacto estabelecido pelo MFA com os partidos políticos, o povo português disse sim ao MFA como motor e fiscal do processo revolucionário".

A análise prosseguia tecendo considerações apenas sobre quatro partidos – desconsiderando a legenda caracteristicamente de direita, o CDS, e também a de extrema esquerda – que, em resumo, espelhavam: (1) o PS tentava valer-se do resultado eleitoral para se colocar como o mais "poderoso dos 'aliados' do MFA", embora conservasse uma "desconfiança mal dissimulada quanto à velocidade que o MFA [tinha] imprimido ao processo revolucionário"; vislumbrava uma aliança com o PCP como aval à sua opção socialista; (2) o PPD disputava, tal como o PS, o domínio das estruturas de poder local, assim como, e também com dificuldades (inclusive maiores que as do PS), de inserção nos meios sindical e de comunicação; disputa com o PCP e estabelecimento de uma aliança com o PS; (3) o PCP tentava conservar suas posições nos meios do trabalho, principalmente em sindicatos e na Intersindical, bem como em autarquias locais e meios de comunicação; criticava a sua cúpula, mas não inviabilizava a ideia de uma aliança com o PS; (4) o MDP/CDE entrara em crise devido aos resultados eleitorais; "excessivamente ligado ao PCP, embora [viesse] dando mostras de relacionamento com outros setores da esquerda".

Esse documento constituiu-se em uma das peças mais importantes do período. Porém, como bem observaram Rodrigues, Borga e Cardoso (1976, p.315-6), ele contém um erro de análise, ao interpretar com excessivo otimismo o resultado das urnas e, por isso, produz duas conclusões mais desejáveis do que verificáveis:

a) O povo português e nomeadamente as classes trabalhadoras votaram maciçamente pelo aprofundamento do processo revolucionário e para a construção do socialismo numa via que recusa modelos e que exige a independência nacional. As massas populares votaram afinal pelo projeto revolucionário do MFA expresso nas últimas posições do Conselho da Revolução. O povo português votou contra a social-democracia e fundamentalmente contra a direita.

b) É uma exigência do processo revolucionário a continuação de uma força política-sindical que possa realizar, extrapartidariamente, ou com interferências mínimas dos partidos de esquerda, a unidade popular para o socialismo apoiando criativamente e com uma dialética plural o MFA.

Como decorrência, são propostas três medidas a curto prazo que deveriam ser tomadas pelo MFA:

1. Reforço das campanhas de dinamização cultural nas zonas mais afetadas pelo obscurantismo.
a) Sua detecção em função dos resultados eleitorais.
b) Não permitir que essas campanhas revertam em benefício exclusivo de um só partido.
c) "Desmontar" o conceito de ditadura, mostrando que o perigo é o da direita.
d) Mobilizar as pessoas para o esforço coletivo de construção do socialismo;

2. Minimizar o efeito desmobilizador das eleições, concretizando, a curto prazo, as medidas revolucionárias anunciadas.

3. Não sobrevalorizar o resultado das eleições, tendo em atenção:
a) O povo votou o socialismo e não a social-democracia ou o capitalismo liberalista.
b) A votação foi, sobretudo, pelo MFA, consagrando o seu papel de motor do processo revolucionário, tal como está consagrado na Plataforma de Acordo Constitucional com os Partidos, que obteve uma esmagadora maioria de quase 100%.

c) Não se podem comparar estas eleições com quaisquer outras no Mundo: o MFA, a força maior popular e o motor do processo revolucionário, não concorreu às eleições.

Como se pode constatar, temia-se que a Revolução fosse reduzida ao resultado eleitoral. E, dentre as discussões e decisões sobre outros pontos da agenda dessa longa Assembleia, os militares decidiram, também, pela criação de um Tribunal Revolucionário: sinal dos tempos...

Mas, pela ótica do Movimento, tudo parecia ir bem, afinal a estratégia do próprio governo havia sido consagrada com o resultado das urnas. Porém, a campanha bem-sucedida e o seu resultado não foram suficientes para evitar a intensificação de clivagens no interior do MFA. Na verdade, deu-se o contrário: na contenda (que se constituiu a passos largos), uma fração salta aos olhos – a que está em torno da Quinta Divisão do EMGFA. Nela, estava baseado o Copcon, que fora criado logo no Primeiro Governo e que, após as tentativas contrarrevolucionárias, assumiu efetivamente a função que inspirara seu surgimento: "guardar a revolução".

Dessa forma, essa terceira etapa do percurso (que vai até 25 de novembro de 1975 e corresponde praticamente à gestão do Quarto Governo Provisório) caracterizar-se-á por instituir um poder formalmente administrado por um conselho de militares, que pertenciam, por sua vez, a uma Assembleia que deveria – por meio de reuniões plenárias – exercer, de direito e de fato, o poder. Essa foi a etapa que mais encantou Hannah Arendt; não pelo restrito Conselho, mas certamente pela Assembleia, que, na quimera, lembrava a tradição revolucionária europeia de criar conselhos condutores de revoluções – conforme observamos no primeiro capítulo.

No dia a dia revolucionário, todavia, duas questões agravavam-se: por um lado, o fato de o poder estar sendo exercido por um segmento com características reconhecidamente singulares (os militares); por outro, o compromisso desse poder, desde a sua "fundação", com a via partidária. Nesse sentido, vale acrescentar que esse quadro tornou inevitável que os militares levassem para as plenárias da AMFA não só questões inerentes às especificidades de sua instituição (como as decorrentes da rígida hierarquia que caracteriza suas corporações), mas também questões atinentes à partidarização dos membros da Assembleia, que passou a comportar verdadeiras células partidárias. Quanto aos possíveis desdobramentos das primeiras – por estarem cravadas numa malha rígida, gerando uma significativa taxa de previsibilidade –, foram geridos com bastante eficácia, mesmo quando as promoções se legitimaram, digamos, pelo mérito revolucionário. Já o cálculo da permeabilidade partidária do Movimento, como não poderia deixar de ser, tangenciou o insondável, pois passou a depender visceralmente de alianças externas à Assembleia e do grau de adesão dos partidos ao governo.

Assim, após o 1º de maio "vermelho" de 1975, em clima bastante distinto do das comemorações de 1974 (quando, pela primeira vez, a data foi comemorada sem a tutela do Estado, em tempos que ainda comportavam simbolismo e todos clamavam lutar – de forma conjunta e talvez mais efetivamente vermelha – por um ideal maior, que se traduzia na consolidação da liberdade conquistada poucos dias antes), tanto os partidos quanto suas projeções no interior do MFA dão curso às dissensões já cristalizadas na campanha eleitoral. E, mais uma vez, o tratamento e a absorção da classe média, sempre definidora de resultados eleitorais, é tema obrigatório de discussão.

Se as urnas tornaram inevitável certo compromisso da Revolução com os estratos médios, em contrapartida, uma fração militar apresentava-se como garantidora dos propósitos já um pouco mais explícitos do Movimento, para a qual o diagnóstico era claro: as concessões eleitorais feitas por alguns partidos a determinados setores da sociedade – comprometidos até mesmo com posições contrarrevolucionárias – ultrapassaram o limite admissível a um processo político que almejava transformações profundas e, literalmente, radicais. Estava, assim, criado o espaço para que as frações políticas perdedoras no processo institucional civil fizessem crescer sua influência no meio militar, especificamente na Assembleia do MFA. E o mês de julho será decisivo para a definição da crise política e institucional que se desenvolvia, pois é nele que se dará efetivamente a clivagem que se anunciava havia tempo.

Nesse sentido, antes da instalação da Assembleia Constituinte, em 2 de junho de 1975, a Quinta Divisão do EMGFA – que se considerava "centro intelectual" do MFA, produzindo as campanhas de "dinamização cultural", de caráter pedagógico, e utilizando o *Movimento 25 de abril/Boletim Informativo das Forças Armadas*, periódico criado no Segundo Governo, assim como o Copcon, de forma mais intensa e direcionado para a defesa do que entendia ser as bases de sustentação de uma revolução socialista no país, sobretudo, após o 11 de março – concentra-se numa campanha que visava aproximar a população do MFA, assim como adota a estratégia de tornar claro para a população a crescente dificuldade de relacionamento entre os partidos políticos e o Movimento.

Por um lado, o reforço da campanha Povo-MFA sugere (em documento oficial elaborado e aprovado pela Assembleia do MFA realizada em 8 de julho de 1975) uma nova organização do Estado português, propondo em um Documento-Guia uma Assembleia Popular Nacional e uma democracia socialista a partir de um poder popular. Por outro, os partidos majoritários na Constituinte (PS e PPD) retiraram-se do governo, exigindo uma revisão dos rumos do MFA; a essa altura, o movimento tinha seus mais recentes propósitos veiculados pelo próprio CR, que, no final de junho, já havia concebido e divulgado um Plano de Ação Política com o sugestivo título: "MFA – Movimento de Libertação do Povo Português". Quanto à corrosão da relação MFA/partidos, devemos ressaltar desse Plano que:

(1) o MFA apresentava-se como "o movimento de libertação do povo português, suprapartidário, que define como seu objetivo essencial o da independência nacional";
(2) essa independência só ocorrerá após "um processo de descolonização interna, a qual só se conseguirá através da construção de uma sociedade socialista", que é entendida como

"uma sociedade sem classes, obtida pela coletivização dos meios de produção eliminando todas as formas de exploração do homem pelo homem [...]";

(3) como o MFA decidira que a via de transição para o socialismo seria pluralista, o Movimento "terá como natural suporte e apoio os partidos que, pelo seu programa e práticas políticas, demostrem um interesse real na adoção e concretização das medidas objetivas que a via de transição para o socialismo exige, e com eles estabelecerá as necessárias alianças e coligações";

(4) sendo assim, o MFA considerava "extremamente importante e talvez decisivo o fortalecimento e a dinamização das estruturas unitárias de base", com as quais, por intermédio dele, a Revolução deveria manter estreitas ligações;

(5) para não nos alongarmos, mencionaremos, finalmente, que o MFA, ao mesmo tempo em que reafirmava seu compromisso com a Plataforma Constitucional (acordada com os partidos políticos), observava que a Assembleia Constituinte tinha como única tarefa elaborar uma nova Carta, "sendo-lhe vedada qualquer outro tipo de interferência oficial na vida política ou administrativa nacional".

É útil relembrar aqui que, um ano antes, o general Spínola, ao empossar o Segundo Governo Provisório, insistia em alertar que havia quem esquecesse que "o 25 de abril situou-se, com inteira clareza, na via da salvação da Pátria pela democratização da vida política nacional, sem procurar implantar este ou aquele sistema de governo".

Registra-se ainda o fato de que foram deslanchados neste Quarto Governo os processos de independência das colônias – Moçambique, em 25 de junho; Cabo Verde, em 5 de julho; e São Tomé e Príncipe, em 12 de julho –, restando, lamentavelmente, duas tragédias humanitárias: Angola e Timor Leste. Observe que o processo de descolonização, além de abarcar a difícil administração das tropas portuguesas remanescentes nos territórios africanos, assim como assegurar condições mínimas de segurança, passou a afetar muito rapidamente a metrópole, na medida em que chegavam grandes contingentes de "retornados". Tratava-se de indivíduos, portugueses em sua maioria, que viviam estabelecidamente nas colônias e que tiveram de deixá-las por razões diversas, mas principalmente pelo acirramento da beligerância com a população local. Traziam em sua bagagem um misto de ressentimento, desesperança e reacionarismo, o que se tornou um delicado problema político, facilmente capitalizável pela contrarrevolução.

Seguindo os princípios do Plano de Ação Política, o Documento-Guia referido centra-se na aproximação da AMFA com as citadas estruturas unitárias de base, com a finalidade de construir a Aliança Povo-MFA; embora afiançando que não se pretendia "nem ignorar os partidos devotados à construção do socialismo, nem militarizar o Povo", talvez essa tenha sido a expressão mais acabada do desejo de se rumar em um sentido exatamente contrário. Em linhas gerais, buscava-se "defender a revolução dos ataques das forças reacionárias através do fomento da participação revolucionária das massas, com a criação de verdadeiros órgãos de poder popular". Buscava-se ainda estruturar um novo poder decisório a partir da organização de um sistema de Assembleias – desde o nível local até a formação de uma Assembleia Popular Nacional, todas elas contando com "a participação física do MFA" (e no caso desta última, a participação seria consumada pela AMFA). Elas tornaram-se "órgãos do aparelho de Estado, exercendo sobre este [e aí incluindo o próprio MFA] o controle da gestão pública na qual participam".

A despeito de a constituição da Assembleia Popular Nacional não ter sido definida, informava a proposta que o "objetivo fundamental e último era o da construção da sociedade socialista definida pelo Plano de Ação Política"; mais do que isso, que apenas se conseguiria alcançar tal objetivo "em unidade", por isso, "todos os níveis da organização popular devem, pois, ser unitários"; isto significava: "independência de vinculação partidária; representatividade democrática a partir de setores populares ou unidades de produção; e Associação para a resolução de problemas concretos". No que diz respeito ao funcionamento dessa estrutura, o documento é mais pobre, mas há que se ressaltar a determinação de que "as decisões em todas estas organizações [eram] tomadas por votação de braço no ar".

Na mesma AMFA em que foi aprovada a tal proposta Aliança Povo-MFA, o primeiro-ministro, brigadeiro Vasco Gonçalves, fez um longo discurso com virulentas críticas ao MFA, por considerar que este estava trilhando um caminho indefinido, o que teria ocasionado a diluição e o enfraquecimento do poder, gerando dúvidas que, na verdade, "não [eram] mais do que a expressão das contradições classe-opção socialista" no cerne do Movimento, pois a maior parte de seus integrantes, segundo ele, era de "origem pequeno-burguesa".

A Quinta Divisão, por sua vez, emite um comunicado que justificava tal proposta como um passo à frente em relação à Plataforma Constitucional Partidos-MFA, passo este dado por exigência da "dinâmica revolucionária".

Nesse ponto, é necessário relembrar que a Quinta Divisão do Estado-Maior-General das Forças Armadas assumira um singular papel político de coordenação do próprio MFA, produzindo, inclusive, sua reestruturação, assim como o Comando Operacional do Continente (órgão criado quando da tomada do poder em 1974, mas que vinha tendo, até então, atuação discreta) passou a ter projeção tanto militar quanto política – sob o comando do lendário brigadeiro Otelo Saraiva de Carvalho –, apoiando em comunicados, por exemplo, os trabalhadores nos casos da Rádio Renascença e do jornal *República*, anteriormente citados.

Os comícios de apoio ao documento Aliança Povo-MFA multiplicavam-se, com a presença do Presidente da República e do Primeiro-Ministro, inclusive. Nos comícios, as palavras de ordem conclamavam a "dissolução da Constituinte, já!" e um "governo provisório, não! governo popular, sim!". A resposta é imediata: o Partido Socialista e o Partido Popular Democrático abandonam mais uma vez o governo, trocando com este, e particularmente com o Primeiro-Ministro, fortes críticas e acusações.

Quarta etapa

Nesse clima, demarcamos o início da quarta e última etapa do período libertador, pois é sob ele que, no final de julho de 1975, ocorrem dois fatos singulares. Inicialmente, apresenta-se a primeira dissensão com força e reverberação significativas dentro do MFA: quando o capitão Vasco Lourenço (um dos articuladores de primeira hora, e que fora até preso por Caetano) e uma respeitada liderança, conduzindo uma reunião de Delegados da Infantaria, aprovaram uma moção com os seguintes pontos: (1) dissolução da Quinta Divisão; (2) que a AMFA passasse a ser órgão consultivo; (3) que as votações nas assembleias militares passassem a ser secretas; (4) que fosse alterada a composição da AMFA; (5) e que não se via inconveniente na substituição de Vasco Gonçalves do cargo de primeiro-ministro. Contudo, Vasco Lourenço não consegue sustentá-la no dia seguinte, em uma Assembleia do Exército. Entretanto, dois dias depois, em 30 de julho, o CR, respaldado por decisão da AMFA do dia 25, e com a justificativa de que era necessário dar "maior eficiência e rapidez" às decisões do governo, criou uma nova figura institucional: o Diretório. Na verdade, tratava-se de um triunvirato, constituído pelo presidente da República (general Costa Gomes), pelo primeiro-ministro (brigadeiro Vasco Gonçalves) e pelo comandante do Copcon (brigadeiro Otelo Saraiva de Carvalho), que deveria passar a governar o país (Ata da Reunião do Conselho da Revolução, 30 de julho de 1975, itens 6, 7 e anexo).[6]

A criação do Diretório expunha, contrariamente ao que tentava fazer crer, a real fraqueza da fração militar que se encastelara na Quinta Divisão; e o espaço que aparentava dominar, na realidade, vinha sendo duramente contestado no cerne da Assembleia do MFA. Enfim, já não era mais possível sustentar a precária unidade dos militares, que tanto fora alardeada como base para a manutenção do Movimento. A dúvida que se colocava para todos naquele momento era, de resto, uma recorrente interrogação nos momentos de inflexão dos processos

---

6 Os protestos sobre essa decisão serão abordados adiante.

revolucionários: estava a Revolução pronta para suportar uma cisão no interior de seu núcleo garantidor? Mais ainda, estava em condições de resistir ao que deveria ser, na ótica da Quinta Divisão/Copcon, um retrocesso?

Fato é que a dissensão era maior do que a dúvida. Agravando o clima de beligerância, em uma ação radicalista, um grupo de nove oficiais, também fundadores da Revolução e liderados por Melo Antunes,[7] apresentou ao Presidente da República uma longa análise da situação política do país. Esse documento viria a ser publicado em um jornal na data da posse do Quinto Governo Provisório (8 de agosto de 1975 – 18 de setembro de 1975; 39 dias) e alinhava-se na defesa da "via socialista" para o futuro do país, criticando acidamente a opção por qualquer modelo que dependesse de uma "vanguarda", assim como acreditava que os modelos social-democratas adotados em outros países não atendiam às especificidades portuguesas. Entretanto, o objetivo principal dessa análise visava atingir o governo no que ele apresentava de mais vulnerável: o esgarçamento da autoridade política e o consequente aumento do risco de solapamento da legitimidade da própria Revolução, entendendo que o tratamento da crise do poder político deveria ultrapassar o governo, pois sublinhava: "a questão do poder é a questão do poder no interior do MFA".

O Documento dos Nove – ou Documento Melo Antunes, como ficou conhecido – foi decisivo para a definição do rumo da Revolução dos Cravos. Denunciando publicamente o vanguardismo que algumas forças de esquerda estavam imprimindo ao processo de transformação da sociedade portuguesa, os seus signatários (respaldados pela autoridade revolucionária que efetivamente possuíam) colocavam-se também como pleiteadores do socialismo, mas isso por meio de um processo que deveria acontecer sem convulsões; para tanto, acreditavam

---

7 Ernesto Melo Antunes (1933-1999) fora um major afeito à política, tendo sido candidato a deputado nas eleições de 1969, em pleno salazarismo, pela Oposição Democrática, e um dos líderes intelectuais do Movimento, pois foi quem redigiu a primeira versão do seu programa.

que era fundamental a preservação de Portugal no contexto geopolítico da Europa Ocidental. Por esses pontos de vista, que os postavam ideologicamente próximos do PS, a conclusão é inevitável: a necessidade de mudança da equipe de governo – que, a essa altura, já estava visivelmente comprometida com os partidos políticos à esquerda dos socialistas, desde o PCP de tradições stalinistas à extrema esquerda maoísta e trotskista.

Pelo teor desse documento e, não menos ponderável, por ele ter tornado público o embate interno que galvanizava a AMFA, só restava mesmo ao Diretório condenar, em comunicado, a atitude do Grupo dos Nove, por considerá-la uma "forma incorreta e atentatória da disciplina e ética militar, gravemente perturbadora do processo revolucionário em curso[8] e, mesmo, divisionista", e suspender as atividades dos signatários no CR, colocando-os à disposição dos Estados-Maiores de suas Armas. O Copcon, encastelado na Quinta Divisão, duramente criticado pelos Nove, respondeu com um contradocumento que reafirmava a defesa dos princípios orientadores da Aliança Povo-MFA e acusava o Grupo de propor uma "recuperação pela direita"; ao final, anunciava-se ainda como "a única proposta viável e realista que se oferece ao povo português para a sociedade socialista que se pretende alcançar". A "Proposta de Trabalho para um Programa Político", que é o título desse documento do Copcon, chega mesmo a condenar o sufrágio universal em sociedades burguesas, pois o vê como expediente perpetuador dos mecanismos de opressão, que se estabelece principalmente por meio dos partidos majoritários. Evidentemente, uma seríssima acusação era também formulada: o Documento dos Nove conduzia à direita. E, por fim, um pouco desesperadamente, propõe a intensificação da Aliança Povo-MFA a partir de um elenco de medidas urgentes, assim como a reestruturação das Forças Armadas. Logo depois, os Nove são suspensos do Conselho da Revolução, e o Diretório decide materializar a decisão tomada

---

8 A expressão "processo revolucionário em curso" foi consagrada, sendo comumente substituída pela sigla PREC.

pela AMFA no auge da crise do governo anterior (proposta por Vasco Lourenço, ironicamente um dos punidos agora), criando o Tribunal Militar Revolucionário.

Portanto, em agosto, o centro da discussão no seio militar é deslocado da AMFA e era declarada publicamente a cisão, sacramentada pela condenação do Diretório aos "Nove", no dia 8: a rigor, a crise chegava ao seu final. Esse quadro, que tanto ampliava a defasagem entre o leque partidário que compunha a Constituinte – eleita por sufrágio universal direto – e o governo, integrado agora apenas por forças partidárias eleitoralmente minoritárias, já havia determinado a composição do novo Governo Provisório; ele manteve o Primeiro-Ministro e, além de militares e de personalidades independentes, recebeu a adesão apenas do Partido Comunista Português e do Movimento Democrático Português, cuja aliança, e mesmo dependência do PCP, era conhecida. Daí por diante, os partidos, o MFA e, inevitavelmente, o governo entram em rota de colisão, sendo que o PCP sofre críticas, como sempre, à direita e à esquerda. Ainda sobre esse momento (que colocava em risco todas as determinações demonstradas e reafirmadas, inúmeras vezes, de compromisso com a construção de um futuro socialista), deve-se atentar para o deslocamento do Partido Socialista para a direita, o que colocava em risco o acento tônico da futura Constituição, que poderia ficar menos, ou mesmo pouquíssimo, à esquerda.

Assim, no mesmo dia 8, é instalado o novo governo, que tem como propósito preparar as trincheiras para a defesa da verdadeira revolução e até mesmo contra forças que, segundo se acreditava, recebiam mais do que inspiração do exterior e poderiam desviar Portugal do que esse Quinto Governo naturalmente imaginava que fosse o inexorável destino do país.

Ao assumir, o novo governo apresentou suas linhas de ação programática e tarefas, apontando a "crise de autoridade" do governo anterior, na medida em que este "funcionou em sistema de coligação partidária que veio a revelar-se inviável", como o problema maior da transição para o socialismo. O diagnóstico dos agravantes e causas da crítica situação por que vinha passando a vida política foi, então, sintetizado:

- os ataques concertados da reação externa tendentes a isolar e a desmoralizar o País;
- as dificuldades enormes da descolonização em Angola, herança pesada da política spinolista;
- os reflexos sobre a frágil economia portuguesa da crise econômica geral do capitalismo;
- o desequilíbrio e instabilidade provenientes do necessário desmantelamento das estruturas monopolistas e fascistas, enquanto não se põem de pé novas estruturas democráticas e revolucionárias e não se estimula a vida das novas instituições a partir de motivações diferentes das da sociedade de consumo capitalista, que hão-de resultar das transformações operadas na sociedade portuguesa (Dossiê Segunda República, 1976, v.2, p.809).

Assim, com mais do que uma profissão de fé no socialismo, foi elaborado um alentado programa de governo, que tinha como objetivo primordial consolidar o que considerava, contudo, ser os ganhos do governo anterior, em cuja vigência

> [...] foram adotadas e concretizadas as medidas de mais profunda transformação social e econômica na lógica irreversível do avanço para o socialismo, medidas tomadas sob orientação e directiva dos órgãos de maior responsabilidade revolucionária: Assembleia do MFA e CR.
>
> Apontaram-se claras opções políticas e atacou-se com decisão o capitalismo monopolista e latifundiário através de medidas de caráter jurídico, econômico, social e político, assim se estabelecendo condições favoráveis à caminhada socialista, mas que, por outro lado, estarão na base das tensões e crises que levaram à dissolução do IV Governo Provisório. Esta crise, pontuada pelos violentos ataques verbais e até físicos às forças progressistas e revolucionárias, possibilitou um crescendo da

contrarrevolução e, concomitantemente, veio contribuir para a diluição da unidade e da autoridade revolucionárias, de que são sintomas as alianças paradoxais de certas forças políticas até aqui empenhadas no processo (Dossiê Segunda República, v.2, p.809).

O longo texto que se segue, com amplo e detalhado espectro – da análise de questões políticas pontuais a políticas sociais específicas, da descolonização à política econômica e à reforma administrativa do Estado –, embora tenha sido pautado em linguagem moderada e em um tom mais técnico, além de não se propor a alterar os rumos do Quarto Governo (e até mesmo declarar sua disposição de agir sob a orientação dos documentos que o orientaram, incluindo o que preconizou a Aliança Povo-MFA), reservava atenção especial para o "valor revolucionário do documento elaborado por oficiais afetos ao Copcon". (Dossiê Segunda República, v.2, p.811).

Observemos que esse programa dedicava especial atenção à intensificação da intervenção do Estado na economia, incrementando em muito as diretrizes tomadas após o 11 de março. De fato, em sua curta duração, e certamente para tentar fazer frente ao difícil quadro político, produziu e aprovou, nesse sentido, cerca de sessenta "diplomas importantes", abrangendo tanto a área financeira, com a nacionalização de instituições de crédito e de seguradoras, como também o setor industrial em geral, de estaleiros a grandes empresas, como a Companhia União Fabril (CUF) (Rosa, 1976, p.181-6). Registramos, no entanto, que se inicia também nesse momento o agravamento dos problemas econômicos, principalmente devido a dificuldades na organização do processo de produção (Manuel, 1995, p.80-1).

Nesse outro terreno fundamental que é o da economia, três importantes aspectos merecem atenção. Primeiro, o significativo fato de que as empresas estrangeiras ou a parte do capital de empresas portuguesas pertencente a grupos do exterior foram cuidadosamente preservados da intervenção estatal. Em segundo lugar, devemos atentar para a abrangência e extensão desse processo que transcorreu por todo o ano de 1975, pois tanto atingiu os transportes públicos quanto os setores agrário e de serviços, assim como, e fortemente, a comunicação social. E, por fim, é importante registrar que, concomitantemente a esse processo de nacionalização, intensificaram-se as "ocupações" de terras no Alentejo e no Ribatejo – iniciadas entre fevereiro e março de 1975 e atingindo seu clímax entre julho e outubro –, gerando uma situação de alta complexidade socioeconômica que viria a ser objeto, no final de julho, de atenção do Estado, com a edição da "primeira lei da reforma agrária" (Viegas, 1996, p.121-2).

Mas, já era tarde. Frações cada vez maiores das Forças Armadas, como é fácil imaginar, admitiam cada vez menos as propostas de subversão interna da ordem e da hierarquia militar, uma questão que se agravava ao longo do "Verão Quente", como foi batizado o período dessa aparentemente interminável crise.

Entretanto, embora o PCP e as legendas à sua esquerda tenham criado a FUR, lançado mais um jornal (com um indefectível nome: *A Luta*) e ainda promovido manifestações de apoio ao novo governo (e principalmente ao Copcon e ao PS, demonstrando possuir significativa receptividade nos setores médios da sociedade e capacidade de aglutinar a militância dos partidos à sua direita), eles promovem uma grande manifestação (que se transformou em passeata) até o Palácio de Belém em apoio ao Grupo dos Nove. As pressões causadas pelas manifestações públicas, somadas às tensões que se intensificaram no núcleo de poder político, acabaram por empurrar para duas rodadas de conversações o Presidente da República, o brigadeiro Otelo e o Grupo dos Nove. Note-se que o primeiro-ministro, Vasco Gonçalves, também membro do Diretório, não tomou parte desses entendimentos, o que foi, no mínimo, curioso. Em seguida, Otelo Saraiva se aproximaria de forma pública da extrema esquerda – sendo, por esse motivo, preso –, e o PCP, com quem Gonçalves mantinha estreitas ligações, seria desagravado pelo PS, de modo que fosse viabilizada sua participação no último governo provisório, formado em setembro. A explicação efetivar-se-ia no final do mês de agosto, com a saída de Vasco Gonçalves do governo.

No início de setembro de 1975, no dia 5 mais precisamente, acontece uma longa e decisiva Assembleia do MFA, que, rearranjada internamente de forma favorável ao Grupo dos Nove – por vias ainda bastante insondadas –, consuma o afastamento do primeiro-ministro Vasco Gonçalves e reestrutura o CR, o qual, sintomaticamente, fazia um mês que não se reunia oficialmente. Abre-se assim caminho para a instalação do Sexto Governo Provisório (19 de setembro de 1975 – 18 de novembro de 1975, seguido de um período de "autossuspensão", e de 28 de novembro de 1975 a 14 de julho de 1976; 299 dias no total), que tinha como primeiro-ministro o almirante Pinheiro de Azevedo (ex-membro da JSN). Esse governo patrocinaria a, no mínimo, polêmica independência de Angola (em 11 de novembro) e, literalmente, assistiria à bárbara invasão de Timor-Leste pela Indonésia (em 7 de dezembro)[9]. Cria-se também a oportunidade para a consolidação da reorientação de rumo decidida, possivelmente, pelos encontros do Presidente com Otelo e os Nove, pois, além da ratificação do afastamento de Gonçalves do governo, manteve-se a decisão de reestruturação do Conselho da Revolução e do próprio MFA, a partir de novas eleições em suas seções, nos três ramos das Forças Armadas. Atendia-se desse modo às críticas feitas pelos Nove, e inciava-se o efetivo desmonte da estrutura de poder criada pelo 25 de abril. Logo em seguida, o CR proíbe que os órgãos de comunicação divulguem

> [...] relatos, notícias, comunicados, moções ou documentos sobre acontecimentos ou tomadas de posição em unidades ou estabelecimentos militares ou que se reportem a tomadas de po-

---

9 Uma ação conhecida, pelo menos, desde agosto nos meios diplomáticos, ao verificar-se, por exemplo, a intensa troca de mensagens entre o governo australiano e sua embaixada em Dili a respeito das medidas de proteção aos cidadãos australianos, uma vez que a invasão, já nessa época, era dada como certa. (Documentação disponível no CD25A.)

sição, individuais ou coletivas, de militares, bem como a divulgação de quaisquer comunicados, moções ou documentos de idêntica natureza relativos aos acontecimentos ou tomadas de posição atrás referidas, salvo se provenientes das seguintes entidades: Presidente da República, Conselho da Revolução, CEMGFA, Cema, Ceme, Cemfa, e Copcon.

O mesmo "comunicado" deu conhecimento de que a análise de um projeto de reestruturação interna do CR e da AMFA fora determinado a uma comissão presidida por Vasco Lourenço. Iniciam-se, também, rearranjos nos desenhos físicos das Regiões Militares. Enquanto isso, ainda no âmbito militar, surge no Porto uma nova, e um tanto obscura, organização: a SUV.

O clima político do país, principalmente o de Lisboa e o do Porto de meados de setembro até 25 de novembro, era, sobretudo, soturno. A divulgação de boatos e contraboatos – facilitados, principalmente, pelo inegável e público controle que o PCP detinha das estações estatais de rádio e TV – e a acintosa ação dos aliados ocidentais, fazendo desfilar ostensivamente navios da Otan ao largo da costa, e mesmo no Tejo!, foram suficientes para a instauração de um clima de insegurança. Este era reforçado a todo momento por declarações virulentas e desafiadoras, como a de Otelo Saraiva de Carvalho, que, ao voltar de uma controversa viagem a Cuba, declarara na sala vip do aeroporto internacional de Sacavém, em Lisboa, não temer uma invasão da Otan (leia-se: EUA), pois os militares já estavam de fato-macaco (uniforme camuflado) e, afinal, não lhes faltava nem mesmo uma serra para a trincheira, pois tinham a Serra da Estrela. A serra podia até não faltar, mas quase todo o resto estava começando a rarear, a começar por um líder com um mínimo de carisma.

Por tudo isso, após ordenar a ocupação das emissoras estatais de rádio e TV no final de setembro, o novo e último Governo Provisório, contando com a adesão do PS, do PPD e do PCP, intensificou sua pregação, no sentido de que era necessário que se estabelecessem condições mínimas para governar o país; isso culminou com um pronunciamento televisivo do novo Primeiro-Ministro, que fez uma longa análise da situação política e propôs uma saída conciliadora, além de explicar, tentando dissipar mal-entendidos (afinal a população sabia bem o que era a censura), que a proibição do CR sobre a divulgação de notícias militares e a ocupação das estações visava, apenas, evitar a declaração do estado de emergência. Isso até podia ser explicado, mas, para evitar a explicação (de forma desastrosa) da clivagem no meio militar, já não havia mais tempo e a sorte estava lançada; restava somente ser consumada.

Em outubro, uma vez que as bases militares da revolução estavam redefinidas, a movimentação ficou por conta dos partidos. O PCP acusava as outras legendas integrantes do governo de estarem levando este para a direita, e elas acusavam o PCP de monopolizar os meios de comunicação; na verdade, todos tinham razão. Enquanto isso, na extrema esquerda, as BR decidiam pela volta à clandestinidade: sinal de antigos tempos.

Ao longo do mês, cresceram as acusações mútuas entre as diversas facções civis e militares. As denúncias de tentativas de golpes de Estado (tanto da esquerda quanto da direita) só serão ofuscadas pelas inúmeras acusações de contragolpes ou pela divulgação de sinistros planos visando a tomada do poder por militares de esquerda. Sintomaticamente, acirraram-se as manifestações em Lisboa tendo como bandeira o "poder popular"; grupos radicais da esquerda armada anunciavam, no final do mês, sua volta à clandestinidade, atestando claramente a perda de espaço sentida – sobretudo, pelos que haviam recebido considerável número de armas de mãos militares, que as consideravam "bem entregues", pois estavam "nas mãos dos trabalhadores", como acreditava Otelo Saraiva de Carvalho (Apud Morais; Violante, 1986, p.271).

Se os acontecimentos dos dois meses que antecederam novembro explicitaram a velada disputa que vinha ocorrendo dentro do MFA, os partidos políticos, por sua vez, como braços desarmados (a maioria, pelo menos) da Revolução, cumpriam o papel de tradutores da cisão do núcleo militar condutor do

Movimento; enquanto o PS e o PPD apoiavam o governo em manifestações públicas, o Partido Revolucionário do Proletariado (PRP), legenda das próprias BR, naturalmente, pregava a luta armada.

Novembro, mês do fim do período libertador, desenrolou-se em clima de guerra civil. Logo no dia 3, o Copcon emitiu comunicado para desmentir uma autodenominada Comissão de Vigilância Revolucionária das Forças Armadas que havia denunciado (por rádios e um jornal) estar em preparação um golpe de Estado – não nos esqueçamos de que os meios de comunicação estavam sob intervenção militar-governamental. No seu esclarecimento à população, o Copcon obviamente desmentia tal articulação, mas admitia que estavam sendo planejados exercícios militares conjuntos das três Armas em todo o país, sob o comando do próprio Copcon. Melhor ambientação para um golpe seria verdadeiramente impossível: em meio a uma greve dos trabalhadores da construção civil, no dia 12, o Palácio de São Bento foi cercado e posteriormente tomado, fazendo reféns não só os deputados constituintes, mas também o Primeiro-Ministro.

Esse episódio foi superado com negociação; entretanto, a partir daí, Lisboa transformou-se em palco tanto de discretas (mas eficazes) ações de apoio ao governo – como a reunião dos moderados do Grupo dos Nove exigindo que tanto este quanto o CR tomassem medidas firmes, no sentido de evitar uma crise de governabilidade – como de ruidosas manifestações de apoio ao "poder popular". Enquanto corriam boatos de uma iminente instauração da Comuna de Lisboa, deputados constituintes, às voltas com sessões interrompidas por incidentes que obrigavam a intervenção policial, ameaçavam transferir a Assembleia para o Porto.

Entre manifestações a favor e contra o governo – o brigadeiro Saraiva de Carvalho chegou a agradecer com um slogan: "obrigado, povo amigo! o Otelo está contigo!" –, o Conselho de Ministros decidiu (no dia 18) pela "autossuspensão" das atividades deste que seria o último Governo Provisório, uma decisão que só podia ser tomada na prática porque o Conselho da Revolução continuava a exercer o poder de fato. Dois dias depois, esse Conselho aprovaria alterações nas organizações militares e definiria nova estrutura para o próprio Governo Provisório. Foram ainda propostas pelo CR a substituição do brigadeiro Otelo Saraiva de Carvalho pelo capitão Vasco Lourenço no comando da Região Militar de Lisboa (RML) e também a extinção do Copcon. Em contrapartida, oficiais ligados ao brigadeiro Otelo lançavam o Manifesto dos Dezoito, a favor de um "poder popular armado, com os soldados, com os militantes revolucionários, até a vitória, até a tomada do poder". Os acontecimentos precipitaram-se de tal modo que a possibilidade de uma guerra civil passava a ser francamente admitida.

Tais fatos funcionaram como uma senha: ambos os lados intensificaram, nas unidades que controlavam, o preparo de operações militares que, tudo indicava, teriam que ser desenvolvidas na defesa de suas posições, sobretudo militares, pois a possibilidade de uma solução política estava por um fio – e, por sinal, rota.

No dia 23, Otelo criticava pela TV as decisões do Conselho, mas seu protesto a essa altura já estava fadado à inutilidade, principalmente contra a alteração no comando da Região Militar de Lisboa. Assim, no dia seguinte, o capitão Vasco Lourenço, o mesmo que se colocara contra o Quarto Governo, contra o poder da AMFA e que fizera parte do Grupo dos Nove, assumia o comando dessa Região estratégica para que, em 25 de novembro, fosse possível ocorrer o desenlace: declaração de estado de sítio, intensa movimentação militar, determinação de fechamento dos bancos, dezenas de oficiais e praças detidos e três mortos.

A resposta dada pelos militares defensores do "poder popular" é incontinente: paraquedistas ocuparam bases aéreas ao norte, e mesmo próximas a Lisboa, onde também ocuparam o EMGFA; nos arredores da capital, o Ralis (antigo Rali, núcleo das forças que se julgavam defensoras históricas da Revolução, sobretudo após o 11 de março, quando um dos seus soldados foi morto) passou a controlar o acesso à cidade e ao aeroporto, enquanto outras unidades tomaram a RTP e a EN.

Dessa forma, consumara-se a sorte da Revolução, pois o governo decretou "estado de sítio parcial" na área da RML. Um segmento das Forças Armadas que tinha como núcleo os signatários do Documento dos Nove (apoiado em movimentação militar pouco discreta) altera, sensível e definitivamente, a correlação de forças na sua base militar – portanto, em seu núcleo garantidor –, detendo cerca de cem oficiais e provocando a saída de revolucionários de primeira hora de postos-chave: Otelo Saraiva de Carvalho do Copcon e Carlos Fabião, que pediu exoneração da Ceme, para onde foi o militar com maior responsabilidade nas escaramuças de contra-ataque empreendidas pelos moderados – o, até então discreto, general Ramalho Eanes, participante do grupo de oficiais que interagia com o Grupo dos Nove.

Foram desalojados das unidades que ainda mantinham sob seu controle os grupos ligados às organizações de extrema esquerda e ao brigadeiro Otelo. A este último e aos oficiais a ele aliados só restavam abandonar o Conselho da Revolução; o Copcon fora esvaziado politicamente.

No dia 28, os jornais estatizados tiveram sua publicação suspensa e foram demitidos todos os seus dirigentes e redatores, e o Sexto Governo Provisório declara-se, pela voz do Primeiro-Ministro em cadeia nacional de rádio e televisão, apto a retomar suas funções.

A partir de então, precisamente quatorze meses após a segunda tentativa de contragolpe, em 28 de setembro de 1974, e dando continuidade à defesa dos ideais democráticos, como gostavam de frisar os militares moderados, são tomadas as medidas de praxe pelos vencedores desse tipo de contenda: abertura de inquérito para apurar responsabilidades pelo ocorrido, estabelecimento de medidas visando punir os "contrarrevolucionários" não só com a perda de cargos e funções, mas até mesmo com a expulsão das Forças Armadas. Por conseguinte, pelo lado dos militares (e, por assim dizer, pelo lado da Revolução), o destino do país estava traçado; como que para ilustrar e reafirmar isso, o Copcon foi praticamente extinto, uma vez que foi integrado ao EMGFA.

No início de dezembro, o Conselho da Revolução decidiu, então, entre as medidas que visavam fundamentalmente restabelecer a governança, aprovar uma Lei Constitucional que buscava a reorganização das Forças Armadas e a extinção do Tribunal Militar Revolucionário. No que diz respeito à relação entre os partidos políticos e o MFA, também em dezembro, em uma reunião entre líderes militares vencedores (como Melo Antunes, Vasco Lourenço e Ramalho Eanes) e representantes dos partidos que espelhavam a posição desse segmento das Forças Armadas (CDS, PPD, PS, MDP/CDE e PCP, sendo que a dimensão do apoio destes dois últimos era dada pela necessidade de manutenção da governabilidade), foi solicitado aos partidos um projeto de revisão da Plataforma Constitucional Partidos-MFA, em vigor desde o Quarto Governo Provisório, época em que se reafirmara a defesa de um sistema pluripartidário – porém, quando também se hipotecara o compromisso com uma opção socialista para o futuro do país. Assim, em fevereiro de 1976, foi assinado um novo pacto MFA-Partidos (com adesão, à esquerda, do PCP e do PS e, à direita, do PPD e do CDS). As alterações mais significativas com relação à primeira Plataforma Constitucional ficaram por conta da retirada da Assembleia do MFA do rol dos "órgãos de soberania" da República durante o período de transição (substancial perda de poder do Conselho da Revolução) e da eleição do Presidente da República por "sufrágio universal direto e secreto", ao invés de vir a ser escolhido por um Colégio Eleitoral – constituído pela Assembleia do MFA e pela Assembleia Legislativa, que ainda deveria ser eleita.

No momento do estabelecimento da primeira Plataforma Constitucional, falar em socialismo sem maiores contornos e definições era não apenas útil, mas, sobretudo, recomendável. Pois bem, precisamente oito meses depois, falar em socialismo significava garantir o parto da saída democrática nos moldes ocidentais e, com prematuridade talvez, buscar o caminho militar e institucional que resgatasse o país da provisoriedade de seus governos – o que se consumou no ano seguinte.

De fato, no início de abril de 1976, a Constituinte encerrava seus trabalhos e o país passava a ter uma nova Carta. No dia 25, comemorando o segundo aniversário da Revolução, a população elegia a Assembleia da República (na qual o PS conseguiu maioria simples, seguido pelo PPD, CDS, PCP e UDP – este último, uma legenda à esquerda do PCP que, como na Constituinte, elegeu um representante). Em junho, foram realizadas as eleições para a presidência da República e, finalmente, por uma ironia da História, em 14 de julho foi empossado Ramalho Eanes – o comandante da unidade militar que concentrou a resistência à Quinta Divisão e ao Copcon em 25 de novembro e que teve sua candidatura apoiada por um eclético conjunto de legendas: de esquerda moderada (o PS), de centro-direita (o PPD), de direita (o CDS) e de inspirações maoísta, trotskista e marxista-leninista (respectivamente, o MRPP, a AOC e o PC do PM-L), legitimando dessa forma a vitória dos moderados em 25 de novembro de 1975 e, principalmente, a ação dos militares em 25 de abril de 1974.

Legitimava-se, portanto, o destino da Revolução sob os olhos do Ocidente.

A saga da sociedade portuguesa ao longo dos dezenove meses vividos entre 25 de abril de 1974 e 25 de novembro de 1975 nos faz relembrar tanto do pessimismo weberiano com relação às condições de liberdade em nossa época quanto da desilusão arendtiana sobre o lugar a que foram relegados os conselhos no pensamento político contemporâneo, quando ela lamentava, observando que

> [...] é certamente estranho que, nesta atmosfera em que cada incidente das revoluções passadas era ruminado como se fizesse parte da história sagrada, a única instituição inteiramente nova e inteiramente espontânea na história revolucionária tenha sido negligenciada até ao ponto de ser esquecida (Arendt, 1971, p.257).

Finalmente, vale notar que a indiscutível legitimidade do movimento revolucionário – consagrada pela quase ausência de posturas e ações repressivas por parte dos Governos Provisórios – se não foi ainda capaz de reinventar esse nosso envelhecido e desgastado Estado Moderno ocidental, foi suficiente para conquistar liberdades já consagradas há mais de séculos, permitindo assim que alguma utopia se institucionalizasse.

A melhor prova disso consubstanciou-se no Artigo Primeiro da Constituição, promulgada em 1976 e confirmada em 1982, quando da primeira revisão do texto constitucional:

> [...] Portugal é uma República soberana, baseada na dignidade da pessoa humana e na vontade popular e empenhada em sua transformação numa sociedade sem classes.

A Revolução e a chegada do novo futuro

Posto que inicialmente os revolucionários utilizaram uma fórmula institucional recorrente em golpes (principalmente militares), com a criação imediata da Junta de Salvação Nacional,[10] procederam de forma não tão recorrente ao incorporarem, também imediatamente, os partidos e seus líderes à vida política e em funções governamentais.

Essa determinação selará o destino da Revolução, na verdade, pois a obrigou a trilhar inevitavelmente a via pluripartidária, que caracteriza as opções democráticas ocidentais. É certo que parte dos revolucionários, como a história mostrou posteriormente, tinha isso mesmo como cálculo, ou passou a ter ao longo do processo. Também é certo que, desde a instalação da própria JSN, estava inscrito na proclamação lida ao país por Spínola o compromisso com a eleição (por sufrágio direto) de uma Assembleia Nacional Constituinte e a eleição do Presidente da República (Apud Dossiê Segunda República, 1976. v.1, p.24). É fato também que, ao longo desse período, outra parte dos revolucionários (assim como outros segmentos da sociedade),

---

10 Denominação, sem dúvida, apropriada para um país em escombros; entretanto, no golpe de 1926, a junta criada tomou um nome que teria sido mais apropriado a de 1974: Junta Revolucionária de Lisboa.

após perceber que o projeto originário – ou pelo menos o que se imaginava que fosse este – chegou a ser conduzido por uma instituição efetivamente nova (genuína mesmo), deu-se conta da inevitável contenda apontada por Arendt, inerente às revoluções contemporâneas: o conflito das instituições criadas pelo processo revolucionário com os partidos políticos, que, na ótica weberiana, são efetivamente os únicos que podem viabilizar a institucionalização da autoridade em um quadro racional-legal, em um ambiente democrático. O embate resultante desse quadro acontecerá ao longo dos exatos dezenove meses que descrevemos na seção anterior.

Considerando que o leque partidário, embora regulado pelo Estado, estrutura-se a partir de demandas e lideranças da sociedade civil e, por isso, possui dinâmica própria, dirigiremos primeiramente nossa atenção, nesta seção, às estruturas estatal e governamental criadas pela Revolução para viabilizar a atuação dos Governos Provisórios (GPs) e, sobretudo, para viabilizar a consecução de seu programa – o Programa do Movimento das Forças Armadas, do qual apontaremos os aspectos principais.[11] Afinal, foi em torno dele que a política se fez no período de libertação e, na verdade, até a promulgação, em abril, da Constituição de 1976.

Anteriormente, quando nos referimos ao Programa, o caracterizamos como amplo e precário. Sua amplitude fez-se obrigatória pela necessidade de cobrir a inevitável e tentacular herança salazarista. De certa forma, a opção por um documento com diretrizes amplas ensejou precariedade para a orientação de questões pontuais do processo revolucionário, até porque ele deveria atender primeiro à ideia de uma proclamação à nação. Deve-se considerar também que o "caráter programático da Revolução" impôs-lhe um atributo peculiar: um roteiro político.

---

11 Considerando o nosso propósito, não abordaremos aqui toda a celeuma que cerca a elaboração desse documento, desde a sua paternidade até os cortes sofridos, aos quais já nos referimos brevemente, após a tomada do poder.

Após os necessários considerandos – que vinculavam a guerra colonial à política nacional e suas instituições –, o MFA buscou a necessária legitimidade apresentando-se como representante do "Povo Português", para cumprir, "fazendo uso da força que lhe é conferida pela Nação através de seus soldados", a tarefa de "salvação da Pátria", visando sanear a vida política pela "via democrática". Nesse sentido, as providências que deveriam ser adotadas foram divididas em dois grupos.

As medidas chamadas de "imediatas" referiram-se à estruturação do novo núcleo de poder político, assim como à reestruturação do aparelho estatal e à supressão dos impeditivos institucionais ao enquadramento do país no padrão democrático básico do mundo ocidental. Dessa forma, previam a constituição da JSN, com a determinação explícita de suas primeiras ações, dentre elas: além do cuidado com questões militares (pois, não esqueçamos, o país estava em guerra), a extinção dos órgãos de governo existentes (inclusive a ANP), a anistia a presos políticos e a abolição da censura, e também a formação, em curto prazo, de um Governo Provisório. À Junta cabia ainda, no prazo máximo de doze meses, convocar eleições "por sufrágio universal direto e secreto, segundo lei eleitoral a elaborar pelo futuro Governo Provisório", para a instalação de uma Assembleia Nacional Constituinte.

No seu item "b", o Programa enunciou as "medidas a curto prazo". A primeira determinava que, no máximo em três semanas, a JSN escolheria dentre seus membros o Presidente da República, que manteria os poderes previstos na Constituição salazarista em vigência. Os demais membros da Junta deveriam assumir as altas chefias militares e teriam assento no Conselho de Estado. Notemos que, com essa determinação, a JSN deveria ser composta por militares dos três ramos das Forças Armadas, sendo estes necessariamente oficiais, mantendo-se, desse modo, a exigência da patente, em vigor desde antes do Movimento dos Capitães.

O presidente da República, por sua vez, nomearia o Governo Provisório Civil, composto por "personalidades representativas de grupos e correntes políticas e personalidades independentes que se identifiquem com o presente programa". No período de exceção do exercício do GP, que findaria quando estivessem eleitos, sob uma nova Constituição política, o Presidente da República e uma Assembleia Legislativa, a JSN continuaria a existir justamente para salvaguardar os objetivos do Programa. Guardava-se, entretanto, para a Constituinte "as grandes reformas de fundo", cabendo ao GP, na prática, a viabilização das "medidas imediatas"; embora lhe coubesse também "lançar os fundamentos" de uma "nova política econômica" e de "uma nova política social", voltadas, sobretudo, para as "camadas da população até agora mais desfavorecidas", e objetivando a "defesa dos interesses das classes trabalhadoras". Quanto à política externa, pautar-se-ia o novo Governo pela intensificação da busca de amizade e cooperação com outras nações, visando a defesa da paz e, ainda, deixando claro o respeito aos "compromissos internacionais decorrentes dos tratados em vigor".

Vale lembrar que dentre esse conjunto de medidas estavam duas sobre as quais já aludimos: a que dispunha sobre a promoção imediata de "liberdade de reunião e de associação", com a menção à permissão de "formação de 'associações políticas', possíveis embriões de futuros partidos políticos [...]"; e a que dispunha sobre a política ultramarina, que, surpreendentemente, não se referia à independência ou mesmo à autodeterminação das colônias.

Em um último item, além do apelo à população, no sentido de que viesse a participar de forma "sincera, esclarecida e decidida na vida pública nacional", firmou-se o compromisso de que, com as eleições da Assembleia Legislativa e do Presidente da República, seria dissolvida a Junta de Salvação Nacional. Além disso, a ação das Forças Armadas também seria restringida à sua missão específica de defesa da soberania nacional. Notemos que, se considerarmos os pontos elencados anteriormente – firmados por Spínola, presidente da JSN – sob o restrito e frio propósito de seus objetivos, e sem considerarmos os inevitáveis desdobramentos destes, talvez possamos admitir que o 25 de novembro viria a fazer cumprir o compromisso nele explicitado, colocando a Revolução novamente no rumo do espírito do seu programa. Resta saber se uma revolução pode, ou deve, ser programada.

Acompanhemos agora a dinâmica do Quinto e de parte do Sexto GP – período que vai de 30 de julho a 11 de dezembro de 1975 – a partir, principalmente, da análise das Atas da AMFA e do CR, considerando as estruturas estatal e governamental que lhes deram suporte institucional e organizacional. As Atas nos permitem acompanhar em detalhe os conflitos que dividiram as Forças Armadas.

Em 30 de julho de 1975, o CR, em sua trigésima reunião (quando resolve instituir o Diretório), está respaldado pela AMFA. Vale notar, no item 6 da Ata dessa Assembleia, que a questão foi habilmente invertida, constando como uma "[...] deliberação tomada pela AMFA na sua última reunião [...]". A AMFA tornou-se assim, ironicamente, legitimadora do Diretório. Pode-se ainda observar, primeiro, os termos contratualistas da Resolução que institui esse novo órgão, pois os demais membros do CR "delegaram ao Diretório" os poderes que possuíam no âmbito do Conselho. Por outro lado, as declarações de voto também são significativas, particularmente a de Vasco Lourenço – que acusa o CR de ter infringido regras instituídas por ele próprio. Era, pelo menos, a segunda vez que o Conselho sofria uma gravíssima acusação com esse teor.

Naturalmente, depois da instituição de um órgão com as características do Diretório, que foi ratificado pelo CR em 31 de julho, carece de sentido detalharmos os órgãos constitutivos do poder, até porque o Diretório logo será eclipsado pelo próprio CR. De qualquer forma, embora a vida política continuasse tensa e os acontecimentos continuassem se desdobrando em ritmo acelerado e aparentemente imprevisível, a sorte estava lançada. Tanto é assim que Vasco Gonçalves foi forçado a deixar o Quinto GP e, em 19 de setembro, o vice-almirante Pinheiro de Azevedo assumiu o encargo de primeiro-ministro, instalando um novo governo. Duas alterações significativas ocorreram com essa mudança: o novo chefe do governo não era reconhecido por não ter vínculos com qualquer legenda partidária e, também, não pertencia ao Exército – a Arma que até aquela altura havia dominado o processo político-militar e que era a fundadora do MFA. Vale apontarmos, contudo, questões fulcrais dessa quadra que verá o término do período libertador da Revolução.

Assim, em 5 de agosto de 1975, ocorreu uma reunião extraordinária do Conselho (31ª CR), dedicada exclusivamente à situação em Angola, pois a delegação do CR que lá esteve considerou que havia um problema cuja avaliação e resolução parecia premente: a questão da segurança das pessoas e dos bens, que resultava diretamente da confrontação entre MPLA e FNLA. Lembremos que pelo Acordo de Alvor, firmado em janeiro de 1975 entre Portugal, esses dois movimentos guerrilheiros e a Unita, determinou-se a data de 11 de novembro para a passagem do poder por Portugal – pretensão inteiramente prejudicada pela instauração da guerra civil. No final desse mesmo mês (dia 29), ocorre uma reunião não oficial do CR, que, ao ratificar decisões do Diretório tomadas quatro dias antes, demonstra o que desejava como dimensão política para esse novo órgão: o vice-almirante Pinheiro de Azevedo é indicado para primeiro-ministro, Vasco Gonçalves, para CEMGFA (possivelmente como uma saída honrosa), e a determinação de que o CR seria reestruturado na próxima reunião da AMFA, no início de setembro.

Registre-se – não só pelo papel que cumpriu, mas também pelo que desejava cumprir – que em 14 de agosto veio a público o último *Boletim*, cujo editorial inicia afirmando que "a revolução portuguesa é uma revolução socialista". Em suas doze páginas, ele buscava a reafirmação dessa ideia, mas a partir do enaltecimento do "poder popular" e da recorrente afirmação de que o "novo exército" português só poderia ser construído sob a "firme direção política do MFA". Esse derradeiro número não deixa dúvidas quanto à desconfortável situação em que se encontravam a Quinta Divisão (que acabou sendo encerrada por uma força militar no dia 27), o próprio MFA e tudo que eles representavam; por conseguinte, a Revolução encontrava-se em situação não menos delicada.

Em 5 de setembro de 1975, então, ocorrerá a reunião oficial acima aludida, que, embora seja classificada como uma reunião do CR (a 32ª), na verdade foi uma AMFA – que se tornou o Pronunciamento de Tancos – e, segundo o próprio Costa Gomes registrou em ata, foi a Assembleia mais importante desde 25 de abril. Tratando inicialmente da descolonização – particularmente, de Angola e de Timor –, Costa Gomes admite nessa assembleia que o MFA vinha descurando o problema e reafirma que esse caso não poderia ser resolvido sem ajuda internacional; Pinheiro de Azevedo, em contrapartida, já antevia "diligências" na formação do novo governo que viria chefiar, acrescentando ser "de opinião que deve[-se] responsabilizar os partidos políticos pela governação".

O terceiro item da pauta era exatamente o que se sabia ser a providência mais premente a ser tomada e o motivo maior da Assembleia: a reestruturação do CR. Após intenso debate, chegou-se à conclusão de que o nó górdio que impedia qualquer avanço na discussão (tantas vezes protelada) envolvia a sutil questão da escolha e designação de militares das três Armas para a ocupação de cargos institucionais na estrutura governamental – questão que, além de carregar as diferentes inclinações ideológicas dos distintos grupos militares, estava diretamente ligada à hierarquia nas FA. Não obstante a inexistência de suporte legal, essa AMFA aprovou profunda alteração do CR em favor do Grupo dos Nove, desencadeando, ainda que de forma não inteiramente clara, o início das ações que propiciarão a inflexão ocorrida no 25 de novembro.

Dois registros fazem-se ainda necessários: Vasco Gonçalves atacou violentamente os Nove, declinou o novo posto a ele oferecido e retirou-se da Assembleia; e Costa Gomes "reconhece que o povo já não aceita a condução do MFA".

A 33ª CR, realizada em 8 de setembro, resolve finalmente atacar a questão da sua reestruturação; entretanto, tendo em vista a excepcionalidade institucional em que o país se encontrava, percebe que o próprio Conselho deveria decretar uma Lei Constitucional alterando sua estrutura e, simultaneamente no mesmo instrumento, criar respaldo legal para que a AMFA destituísse e elegesse novos membros para o CR (uma vez que a AMFA não possuía até então qualquer regimento). Tais providências são efetivamente tomadas.

Contudo, os episódios de insubordinação no seio militar multiplicavam-se à medida que o embate ideológico se aguçava, o que fez com que o CR decretasse a proibição de divulgação, pelos órgãos de comunicação, de moções, comunicados, documentos e notícias

> "de quaisquer acontecimentos ocorridos em unidades ou estabelecimentos militares ou que se reportem a tomadas de posição, individuais ou colectivas, de militares, exceto se provenientes de certas entidades, componentes da alta cúpula militar".

Protestando não pretender atentar contra o "legítimo pluralismo de opiniões", o Conselho justificava tal censura pela necessidade de proteger a unidade das FA frente à crescente tentativa de manipulação de informações, no sentido de promover sua desestabilização.

Merece especial atenção o fato de que, analisando o caso dos majores Melo Antunes, Vítor Alves e Costa Martins (que haviam sido suspensos do CR devido ao Documento dos Nove), o Conselho decidiu pela reintegração dos três, medida que selou a supremacia, e mesmo a vitória, dos Nove na condução do futuro da Revolução.

Três dias após a realização dessa reunião, ocorre a 34ª CR, na qual considerou-se que a recente recusa de militares a embarcar para Angola poderia colocar as tropas portuguesas lá baseadas em perigo. Procedeu-se, de fato, à aprovação de uma nova estrutura para o CR, com base na proporcionalidade estabelecida para a AMFA pela Plataforma de Acordo Constitucional Partidos-MFA, na qual o Exército teria o mesmo número de delegados que a soma dos delegados da Armada com os da Força Aérea. Quanto às notícias que davam conta de um "possível regresso do ex-general Spínola a Portugal", o CR esclareceu que, na condição de inculpado na tentativa de contragolpe em 11 de março, ele seria preso e levado a julgamento no Tribunal Militar Revolucionário.

Em 18 de setembro, véspera da posse do novo GP, sob o comando de Pinheiro de Azevedo, realizou-se nova reunião (a 35ª CR), que revogou a Lei 11/75 (que implantara a censura às notícias do âmbito militar) – revogação que cedia às fortes pressões dos meios de comunicação, que chegaram a pleitear na ocasião a possibilidade de cobrirem as AMFA – e, também, no que diz respeito à reestruturação do CR, procedeu-se à distribuição dos membros do Conselho em duas comissões: uma militar e outra política. Digno de nota o fato de que Otelo Saraiva apresentou um relatório detalhado sobre as atividades da CIA no país, tendo o CR aprovado que o próximo GP tivesse "atuação firme no sentido de pôr termo a tais atividades", assunto este que não constou do comunicado oficial dessa reunião.

Na 36ª CR, ocorrida em 25 de setembro, começam a tomar forma os novos rumos que o Sexto GP deveria dar ao país. Primeiramente, a proposta de formação de uma comissão para a reestruturação da Quinta Divisão e do [da Revolução] SDCI – sendo indicado como um dos membros o reservado tenente-coronel Ramalho Eanes, que viria a ser o primeiro presidente eleito sob a nova Constituição do país, exatamente nove meses depois dessa reunião do CR.

As discussões sobre as situações do Timor e de Angola davam a dimensão dos problemas que se avolumavam no plano externo. No primeiro caso, necessitava-se da intermediação do embaixador da Indonésia, tanto para a entrega de 26 reféns pela UDT como para iniciar as conversações com a Fretilin. Já a questão do país africano refletia no plano interno de outra forma, mais contundente: mostrava-se imperioso aumentar o ritmo de retorno dos nacionais, isto é, dos "retornados" – cidadãos portugueses que foram obrigados a deixar a África e procurar refúgio, sobretudo no continente europeu, por conta da guerra civil e da decorrente perda de controle por parte de Portugal sobre as ex-colônias. Nesse caso em particular, fazia-se extremamente necessária a ajuda internacional, tanto de países africanos vizinhos (que pudessem atender, em um primeiro momento, às retiradas urgentes) quanto dos Estados Unidos, que se dispunham a colaborar "com meios aéreos e financeiros da ordem dos 50 milhões de dólares". "A reintegração e distribuição no país e [no] estrangeiro" dos retornados exigia planejamento do governo português. A OCDE propunha-se também a colaborar, porém, apenas nos estudos de reintegração.

Havia no ar, entretanto, uma preocupação bem maior e, de certa forma, mais urgente: a "deterioração da situação político-militar", causada por

> incidentes recentes (SUV, Deficientes das FA, Regimento PM, desvio de armas etc.), que desacreditavam o governo em formação e sobre os quais o Conselho da Revolução deveria tomar de imediato decisões.

Em meio a justificativas diversas, sobretudo as de Otelo Saraiva no que diz respeito ao desvio de armamentos (questão que se intensificaria, no próprio Copcon, no último dia do mês), surge uma proposta do Primeiro-Ministro – preocupado com a "falta de autoridade que se desenvolvia, no setor militar", pois isso dificultava não somente a constituição do GP que se iniciava como também insuflava a desordem pública – para que fosse criado,

> [...] na dependência direta do Presidente da República e CEMGFA, um Agrupamento Militar de intervenção composto por forças operacionais do Exército, Marinha e Força Aérea altamente eficiente e disciplinado.
>
> Propunha-se também que se reformulasse urgentemente as forças de segurança paramilitares PSP e GNR a fim de as tornar mais rapidamente operacionais de forma a gradualmente virem a substituir o Agrupamento e que se reforçassem os serviços de informação (SDCI).

Em síntese, visava-se recuperar o controle das FA, a partir da constituição de um grupo de elite fiel ao novo CR. Essa proposta foi naturalmente aprovada, uma vez que o crescente e acelerado desgaste da autoridade governamental era patente e inegável. O AMI foi criado em 9 de outubro, um dia após o governo ter chamado de volta à ativa os militares em disponibilidade e licenciados, e na mesma data o PCP denuncia, em documento, uma "viragem à direita do Governo", tendo como resposta do PS, do PPD e do CDS a acusação, já recorrente, de que o PCP aparelhava os principais órgãos de comunicação, além de ter comportamentos distintos no governo e nas ruas. É de se observar ainda que tal proposta viabilizava a recuperação de nada mais nada menos que a PSP e a GNR – temidos órgãos policiais que cumpriam o papel de "guardas de esquina" do regime salazarista.

O mês de outubro inicia-se com a 37ª CR, cuja ata, em seu sexto item, revela claramente os caminhos que o jogo político iria tomar. O almirante Rosa Coutinho protestou pelo fato de, em mais uma reunião não oficial do CR (em 28 de setembro, com a presença inclusive de "elementos estranhos"), ter sido concedida ao governo a autorização para a "ocupação militar das Estações Emissoras" de rádio e televisão – o que acontecera no dia seguinte. Houve um longo comunicado do governo, que justificava essa medida como uma resposta à crise política que se intensificava, e evitava, com isso, a declaração do estado de emergência. Observe-se, primeiro, que naquele momento Pinheiro de Azevedo sintomaticamente acumulava a presidência da República (Costa Gomes estava em visita à Polônia e à União Soviética) e, segundo, que essa gravíssima intervenção nos meios de comunicação e seus desdobramentos não constaram da pauta dessa ata – seu registro ficou por conta desse protesto.

Vale destacar que dentre os episódios de desordem elencados pelo governo constam: em 22 de setembro, o início das "jornadas de lutas" dos deficientes das FA, com ocupações de emissoras de rádio, barricadas em diversos pontos de acesso a Lisboa; a tentativa de "aprisionamento do próprio governo";

e, no dia 27, a invasão e destruição (por parte da população) da embaixada e de consulados espanhóis em Lisboa, no Porto e em Évora como resposta à execução, pelo regime franquista, de cinco militantes nacionalistas da ETA.

A 38ª CR, ocorrida em 10 de outubro, tem como resultado efetivo a reafirmação do apoio do Conselho ao Sexto GP,

> [...] nos seus esforços para a resolução da crise e dos problemas dela decorrentes de acordo com o plano de ação política exposto ao País pelo Primeiro-Ministro e necessário reforço de autoridade militar e governamental para restituir a tranquilidade pública e ordem no trabalho, indispensáveis para a construção de uma autêntica sociedade socialista em Portugal.

Advertia ainda, a partir do reconhecimento de que a crise político-militar se agravava, que os "autênticos revolucionários" ficassem atentos para que não viessem a ser conduzidos por perigosos caminhos nos quais revoluções anteriores haviam sucumbido, com resultados trágicos.

Em meados desse mesmo mês, em 16 de outubro, ocorre a 39ª CR, na qual, após a indefectível rodada de análise da situação político-militar (com especial atenção para a intensificação de casos de vazamento de documentos elaborados no meio militar), Costa Gomes propôs, e o Conselho aprovou, que no âmbito do CR se buscasse fomentar a aproximação entre o PCP e o PS. Por outro lado, chama a atenção, pela delicadeza da situação político-militar, a proposta (que deveria ser concretizada após a programação ser debatida com o Ceme) de realização de um "exercício em nível nacional com todas as Regiões Militares". Nessa mesma reunião, o brigadeiro Franco Charais, integrante do Grupo dos Nove, propõe uma reunião entre o Ceme, o comandante do Copcon e os comandantes das Regiões Militares para "tomarem medidas imediatas que garantam o reforço da unidade, consciencialização, disciplina e eficácia do Exército".

A 40ª CR, de 23 de outubro, ocorre um dia após Costa Gomes iniciar visita oficial à Itália, ao Vaticano e à Iugoslávia, mesmo dia em que fortes boatos de golpes e contragolpes assolaram o país, com a divulgação, pelo jornal *A Luta*, de um suposto plano de (extrema?) esquerda, com apoio de militares, que visava a tomada do poder (na mesma data em que as Brigadas Revolucionárias noticiaram o retorno à clandestinidade).

Em 27 de outubro, a ata da 41ª CR, uma reunião muito curta para o momento político, nos dá conta de um fato pouco, ou nada, aludido: a "ocupação do Governo Civil de Faro" – o CR assumiu ali o compromisso de averiguar responsabilidades e impor as punições cabíveis. No plano interno, o CR ficava por aí: nem a greve no setor de panificação (em um país onde o pão sempre teve lugar especial no dia a dia) mereceu atenção especial, pois a questão mais urgente era Angola.

O dia seguinte a essa reunião ratificou a posição do CR, pois além de Melo Antunes discursar na ONU e encontrar-se com Gerald Ford – quando recebe oferta de ajuda financeira para o país –, na África, a Comissão de Conciliação da OUA para Angola, após visitar as áreas ocupadas pelo três movimentos guerrilheiros e se reunir com seus líderes, propõe um cessar-fogo imediato e o início de conversações visando um acordo de paz. Além disso, o então presidente da OUA, Idi Amim Dada, tentou um armistício de três dias, com total insucesso: as lideranças nacionalistas não compareceram à reunião da Organização, realizada em Kampala e com a presença de um representante do governo português – o comandante Vítor Crespo, também membro do Grupo dos Nove –, visando a formação de um Governo Provisório de Unidade Nacional. Enquanto isso, no continente, Portugal recebia a visita de Nicolae Ceausescu,presidente da então República Socialista da Romênia.

Na última reunião de outubro, a 42ª CR, ocorrida dia 31, enquanto se tomavam providências – como a indicação de um presidente para o Tribunal Militar Revolucionário para julgar os implicados no 11 de março, e também a criação de um Tribunal Militar Conjunto, com membros das três Forças, para julgar as questões e os envolvimentos relativos à Pide/DGS e à Legião Portuguesa –, aprovava-se o Decreto-Lei do GP que reconhecia o direito ao controle organizado da produção pelos trabalhadores em todos os ramos da atividade da economia nacional; uma medida interessante naquela altura, pois o início do introito do Decreto, que justificava seu propósito – "a construção da sociedade socialista depende de modo significativo da implantação e execução de um plano de transição da economia para o socialismo" –, não condizia em nada com o rumo acelerado que a Revolução estava tomando.

Já a primeira reunião de novembro ocorre no dia 6 (a 43ª CR), e foi uma reunião conjunta com o Conselho de Ministros, na qual foram debatidos assuntos relacionados com a autoridade do executivo. O desgaste da autoridade governamental estava se tornando ainda mais notório, sobretudo pela demora em agir na defesa da ordem político-social, como na retomada dos transmissores da Rádio Renascença, por exemplo, que foram desselados e colocados no ar por apoiadores da Comissão de Trabalhadores. Intensificavam-se também as agressões mais diretas a membros do governo, como a ocupação do gabinete do ministro do Trabalho (na sua ausência) e a tentativa de impedir o acesso do secretário de Estado da Informação ao Ministério da Comunicação Social. Pela avaliação da reunião, tentava-se implantar a força "um pretenso processo de saneamento do Estado" que acabava por levar o governo à paralisia e, o que era mais grave, insuflava o divisionismo nas FA.

Por fim, externava-se, tardiamente, forte preocupação com a manipulação dos retornados por "forças reacionárias", tendo em vista à relativa ineficiência do governo quanto às providências necessárias para seu acolhimento e sua integração à sociedade.

Na 44ª CR, em 10 de novembro, novamente há a participação do Conselho de Ministros, pois foi uma reunião solicitada pelo governo para que fossem tratadas especificamente duas questões: i) conhecer o ponto de vista do CR quanto à posição a tomar com relação a Angola após o dia 11 de novembro, "relativamente ao reconhecimento ou não de um ou mais governos"; ii) e analisar os acontecimentos na Manifestação do Terreiro do Paço, que deram lugar a protestos do PPD e PS, acusando a Polícia Militar pelos incidentes e pedindo a sua dissolução.

A posição do CR quanto à primeira questão – aguardar a formação de um governo em Angola e, então, verificar se ele era de unidade nacional, se dele faziam parte a Unita e a FNLA – poderia parecer de cautela diplomática. Na verdade, porém, era resultado da total falta de controle da situação na África, o que pode ser aquilatado pelo fato de o CR desconhecer até o momento dessa reunião o texto do "Documento de Reconhecimento de Independência" – que já havia sido, inclusive, tornado público em Angola pelo Alto Comissário português. Fato foi que, no dia seguinte, o Alto Comissário português proclamou, em nome do Presidente da República Portuguesa, a independência de Angola; entretanto, entregou o poder ao povo angolano. Enquanto o MPLA proclamava em Luanda a República Popular de Angola, e a FNLA e a Unita proclamavam a República Democrática e Popular de Angola – com capital em Huambo (ex-Nova Lisboa) –, intensifica-se a troca de acusações entre os três movimentos no que diz respeito a invasões do território angolano por países africanos e a alianças e ajudas externas (particularmente, americana e soviética).

Quanto ao segundo ponto, embora a questão tenha sido protocolarmente respondida por Costa Gomes, dando notícia de que já havia inquérito instaurado para a apuração do ocorrido, os incidentes foram realmente sérios, uma vez que se tratava de uma manifestação de apoio ao governo, transmitida pela RTP, e mais uma vez colocava a Polícia Militar na berlinda.

Na reunião realizada em 13 de novembro (45ª CR), ocorre algo, no mínimo, estranho se considerarmos o quadro político-militar. Nos termos do próprio comunicado, fica-se sabendo que

> [...] devido a ausências momentâneas por parte de alguns membros do CR, não foram tomadas quaisquer resoluções a respeito da necessidade de reestruturação dos vários comandos, tendo, no entanto, ficado o Ceme em conjunto com os membros do Exército de apresentar, em próxima reunião, propostas com vista a normalizar a situação.

Ora, reestruturar comandos significava, na verdade, trocar comandantes, o que, por sua vez, significava desejo de controle dos efetivos militares por algum grupo, ou por mais de um.

Faz-se necessário observar, porém, que no dia anterior iniciou-se uma contundente greve no setor da construção civil (esfera de influência da Intersindical e, portanto, do PCP), na qual deputados constituintes e o próprio Primeiro-Ministro são tornados reféns – situação que é negociada em torno de compromisso assumido pelo governo de atender determinadas reivindicações sindicais. As respostas do PS, do PPD e do CDS acontecem no dia 14 de novembro, no Porto, em manifestação que oficialmente teria fugido do controle e terminou em assalto à União dos Sindicatos da cidade, entidade ligada à Intersindical. No âmbito militar, realiza-se, no dia 15, uma reunião de oficiais ligados aos Nove que, certamente, foi decisiva para o futuro imediato da Revolução, pois nela decidiu-se tomar a RML, forçando a nomeação de Vasco Lourenço para o seu comando – o que implicaria na desestabilização estratégica de grupos militares mais à esquerda. Decidiu-se ainda pressionar tanto o Sexto GP quanto o CR, no sentido de agirem energicamente, visando pôr fim à gravíssima crise institucional que paralisava o país. Nesse clima de alta tensão, Lisboa torna-se base dos que propugnavam o "poder popular", com manifestações e boatos de uma iminente instauração da "Comuna de Lisboa", enquanto o Porto dá suporte aos que se opõem a tais propósitos, defendendo a via do "socialismo democrático", planejando, inclusive, a transferência da Assembleia Constituinte para o Porto.

Nos três dias que antecederam a próxima reunião do CR, a tensão só fez aumentar. Por um lado, 1.200 paraquedistas foram colocados à disposição pelo Ceme, enquanto a Comissão de Vigilância Revolucionária das FA denuncia a preparação de um "golpe reacionário" para o dia 19 de novembro. Contudo, no dia 18, acontece um fato politicamente inusitado: o Conselho de Ministros resolve autossuspender o Sexto GP – decisão que só era possível pelo fato de o país ser comandado efetivamente pelo CR.

Em 20 de novembro, é realizada a penúltima reunião do Conselho antes de 25 de novembro, a 46ª CR. Primeiramente, atendendo ao pedido do presidente da Assembleia Constituinte, o CR prorrogou por 90 dias o prazo para a elaboração e aprovação da nova Carta do país. Em segundo lugar, Costa Gomes dava conta das imensas dificuldades de negociação com as diversas partes em Timor, enquanto, com relação a Angola, o CR decidiu "aguardar mais algum tempo para tomar posição". Portanto, no plano externo, o quadro continuava indefinido.

Internamente, entretanto, um gesto incomum e de rara coragem: Costa Gomes, ao tomar conhecimento da ocorrência de uma manifestação contra o GP, decidiu deixar a reunião e ir até Belém, apesar de desaconselhado por membros do CR, onde discursa chamando a atenção dos manifestantes para a necessidade de que a guerra civil fosse evitada. Por tudo que já se conhecia do Presidente da República, podia-se ter certeza de que naquele momento seu procedimento não foi uma bravata alarmista, mas um grande desabafo. Quanto à autossuspensão do Sexto GP, o CR coloca-se contra essa decisão e solicita ao Primeiro-Ministro que convença o Conselho de Ministros a retomar seu exercício normal até resolução da crise.

Com relação aos assuntos militares, devemos observar que o Conselho aprovou, com a concordância do Ceme e do comandante do Copcon, Otelo Saraiva, a nomeação do capitão Vasco Lourenço para comandante da RML (conforme planejado pelo grupo de oficiais moderados), e decidiu pela extinção da AMI – certamente para reduzir o número de núcleos militares a ser controlados. Reafirmou, no entanto, que o Copcon continuaria sob o comando de Otelo Saraiva, acrescentando – o que é mais interessante – que, além do comando operacional das Regiões Militares e das Unidades atribuídas pelos três ramos das Forças Armadas, ele teria aumentadas as suas atribuições em relação ao projeto Aliança Povo-MFA. Foi também decidido que, para a concretização imediata e ordenada da primeira fase do projeto de aliança Povo-MFA, nomear-se-ia uma comissão dependente da Quinta Divisão do EMGFA para elaborar a regulamentação e instituição das organizações populares unitárias de base em nível local.

Embora na ata dessa reunião nada conste sobre o assunto, o comunicado do CR que dava publicidade a suas decisões inicia-se com uma questão que estivera submersa ao longo desse extenso período crítico – os entendimentos com os partidos:

> [...] O CR estudou atentamente a atual crise política, reconhecendo a sua gravidade e os grandes inconvenientes que poderá trazer para a estabilização e desenvolvimento do País e da revolução, se não for rapidamente resolvida. No âmbito de uma estratégia global para resolução da crise resolveu recomendar que se incetem imediatamente negociações com os partidos políticos, de forma a encontrar-se uma plataforma de equilíbrio para satisfazer as justas preocupações das classes trabalhadoras e que poderá envolver convenientes remodelações do Governo.

Antecipava-se, com esse texto, a premente necessidade de revisão da primeira Plataforma Constitucional Partidos-MFA.

No dia 24 de novembro, acontece, então, a última reunião do CR antes da Revolução vir a trilhar rumos menos revolucionários. A 47ª CR foi uma reunião extraordinária, precedida por fatos graves, particularmente no âmbito militar. No Ralis, havia sido feito um "juramento de bandeira revolucionário", tornando-se público um manifesto radical dirigido a soldados e marinheiros subscrito por dezoito oficiais; o PS, em um revide às manifestações públicas que forças políticas à sua esquerda vinham patrocinando, convocava a população para concentrações e comícios, nos dia 21 e 22, em dez cidades (Porto, Braga, Vila Real, Viseu, Coimbra, Santarém, Castelo Branco, Portalegre, Faro e Lisboa).

Será, no entanto, no dia 23 de novembro que o país assistirá pela TV, certamente com algum estarrecimento, às declarações de Otelo Saraiva criticando o Sexto GP. Assiste também a Jaime Neves, coronel afeto aos Comandos, que, incisivamente, desmente a nomeação de Vasco Lourenço para o comando da RML. Tais declarações geraram, como se pode imaginar, um intenso debate nessa reunião; a nomeação, contudo, foi mantida e, em seu comunicado, o CR declarou que analisou

> [...] em profundidade as sucessivas e inadmissíveis interferências de forças políticas partidárias, sindicatos e mesmo entidades civis isoladas nas decisões militares tomadas pelos vários escalões da hierarquia das Forças Armadas, sobretudo as que revestem forma de contestação de figuras militares. Face aos inúmeros casos já verificados de tais interferências, o CR decidiu repudiar energicamente essas atitudes, não aceitando de forma alguma ser pressionado por elas.

Ainda com relação às FA, a preocupação com a clivagem no seio do MFA provocou pronunciamentos diversos, os quais – além da proposta no sentido de que se instaurasse um "regulamento de disciplina revolucionária" – reafirmavam a total condenação do Conselho às ações insufladoras da quebra de unidade e coesão nas FA, principalmente às relativas a tentativas de rebelião e mesmo de guerra civil. No ar, mais do que uma reprovação à atitude de Otelo Saraiva, questionava-se claramente sua permanência em postos tão importantes e estratégicos para a Revolução, sendo o principal o comando do Copcon.

Eis, então, que na madrugada de 25 de novembro, tal como em 25 de abril, ocorreu uma movimentação militar fora do controle da cúpula militar da Revolução, constituída agora pelo CR.

Todas as revoluções são permeadas por mistérios, sua própria dinâmica contribui sobremaneira para isso; no caso da Revolução dos Cravos, certamente, seu maior mistério foi o 25 de novembro. Os inúmeros depoimentos de diversos participantes – alguns protagonistas do núcleo de poder – só fazem reafirmar esse quadro. Por um lado, havia uma série de informações e de contrainformações, particularmente sobre questões internas das FA, que só os militares detinham. Ainda que a hierarquia estivesse bastante abalada, deve-se considerar, nesse caso, certa vantagem dos mais graduados e dos ocupantes de postos de comando, situação que levou grupos de oficiais (nomeadamente os que se apresentavam como "socialistas democráticos" e os radicais, que advogavam o "poder popular") a intensificar, no rescaldo do "Verão Quente" de 1975, as tentativas de ocupação de postos-chave de comando dentro das FA. Isso refletiu no interior da AMFA e, principalmente, no Conselho da Revolução, que passou a ter como ponto permanente em suas pautas a sua reestruturação. Acrescente-se que, paralelamente ao crescente agravamento da dificuldade de manutenção das ordens política e social pelas autoridades governamentais, ganhavam corpo as ações contrarrevolucionárias (como as urdidas pelo MDLP a partir da fronteira com a Espanha, no norte do país), comprometendo ainda mais o clima político geral e, o que era mais grave, os propósitos justificadores da Revolução. A interferência externa, na verdade, ultrapassava o país vizinho e deixava o núcleo dos militares moderados – o Grupo dos Nove – receoso de servir de biombo, e mesmo de ponte, para ações da direita e da extrema direita, pois formavam um grupo relativamente maior e bastante matizado ideologicamente.

Assim, quando paraquedistas da Base-Escola de Tancos ocuparam as bases aéreas da cidade e de Monte Real, Montijo e Ota, iniciou-se uma movimentação militar, sem um plano acabado efetivamente e sem que se saiba até hoje de onde partiram as ordens, mas que em Lisboa levou o Ralis a ocupar a estrada de acesso ao norte do país (e também aeroportos) e a efetivos da Epam a ocupar a RTP. O general Pinho Freire é detido no momento da tomada do Comando da Primeira Região Aérea, e o Regimento da PM passa a controlar a Emissora Nacional. Esses graves atos merecem nota do EMGFA, que os considera uma afronta política e que ultrapassam o que poderia parecer uma contestação da corporação aos comandantes da Força Aérea, advertindo que não hesitaria em usar a força contra os rebelados. Com o passar dos anos, teve-se a certeza de que a cautela imperou em ambos os lados envolvidos, particularmente por parte dos "radicais" Otelo Saraiva e Diniz de Almeida.

Com isso, e em função do quadro político-militar, no próprio dia 25 inicia-se a 48ª CR, com a participação também dos comandos militares, que só terminaria na manhã do dia 2 de dezembro, quando foi suspenso o estado de sítio parcial na zona da RML. Medida essa que Costa Gomes havia tomado apenas no meio da tarde do dia 25, quando também colocou o Copcon sob seu comando, após conversar com Otelo, que, por sua vez, reunira-se no Copcon com oficiais de sua confiança antes de atender à convocação da Presidência.

O palácio presidencial, em Belém, torna-se o PC central das ações que deveriam ser deslanchadas, e no quartel dos Comandos de Amadora situou-se o PC operacional do CR, sob a chefia do tenente-coronel Ramalho Eanes (relembremos que o GP estava autossuspenso, e o CEMGFA comandava e coordenava todas as ações desses PCs e das unidades das FA não rebeladas, a partir das decisões do CR). Na sequência das ações – em meio à distribuição de um manifesto pelos paraquedistas, reafirmando que agiam no sentido de que fosse implantado o "socialismo verdadeiro" no país –, os Comandos, pelo que é possível inferir da ata, após esgotarem-se as tentativas de entendimento, lançam-se em operações militares contra os focos rebeldes. A primeira rendição se dá em Monsanto, frente a um grupamento chefiado pelo coronel Jaime Neves, militar simpático à direita.

As ocupações da RTP e da EN, com envolvimento de tropas da PM e do Copcon – possibilitando que os rebelados divulgassem seus propósitos, apelando para a mobilização popular, e confundissem a opinião pública quanto a quem efetivamente estava tentando dar um golpe de Estado –, obrigam as emissões de ambas a passar para o Porto. À noite, um pouco depois do Sindicato dos Metalúrgicos indicar uma greve geral e a mobilização da população junto aos quartéis, Costa Gomes (que já havia apelado para Álvaro Cunhal e para a Intersindical atuarem na desmobilização da população civil) dirige-se ao país comunicando o estado de sítio parcial em Lisboa, tendo ao seu lado Otelo Saraiva de Carvalho (que no dia seguinte, após cientificar o CR de que o EMGFA havia extinto o Copcon, solicita licença e declina qualquer outro cargo). Ao longo da madrugada e do dia 26, os insurgentes vão perdendo posições e recuando;

consequentemente, o CR reassume aos poucos o controle militar do país e, em comunicado à população, Costa Gomes afirma que

> [...] move-nos a ideia de que um socialismo se constrói como obra pragmática, com avanços decisivos, mas prudentes. Não é com verbalismos ocos, com greves infundadas, com manifestações profissionalizadas que se edifica uma sociedade sem classes.

Melo Antunes fará a célebre afirmação, na TV, de que "a participação do PCP na construção do socialismo é indispensável".

No dia 27, o CR aprova em forma de "resolução sobre a imprensa" o texto apresentado pelo ministro da Comunicação Social que dava conta de um imenso problema que se arrastava em meio à crise: o fato de o Estado ter passado a deter razoável participação financeira dos principais jornais portugueses, que estavam em crise em função da "nacionalização da banca, das empresas de seguro e outras". Ao longo dessa reunião, e principalmente no dia 28, data em que o Sexto GP retoma suas funções, vários pedidos de demissão de membros do CR são apresentados e acatados pelo Conselho, o que revelava o controle cada vez maior do Conselho sobre a situação militar.

Essa ata, de oito dias de reunião permanente e cujo tamanho limita-se a duas folhas, pode, no entanto, dar-nos bem a dimensão dos mistérios que envolvem o 25 de novembro. A ata registra em seu último item que o CR, no dia 29,

> [...] ouviu uma exposição do Ministro da Cooperação e do Ministro dos Negócios Estrangeiros acerca da situação em Timor-Leste com a declaração de independência por parte de uma das facções e face às notícias de interferência da Indonésia, no território, tomou conhecimento da posição que oficialmente se ia tomar através da Presidência da República.

O fato é que a situação em Timor se agravara, e muito, uma vez que a Fretilin, logo depois da resposta à tentativa de golpe da UDT em agosto, proclamou unilateralmente a independência. Em meio à fuga dos portugueses ali radicados, a UDT e a Apodeti também declararam independência e imediata integração à Indonésia, na época sob a feroz ditadura de Suharto, que assim recebe o estímulo suficiente para invadir (dez dias depois) a ex-colônia portuguesa, dando início a uma cruel guerra – devido à resistência da Fretilin – e cometendo uma das maiores chacinas da história contemporânea: cerca de 200 mil mortos. Portugal, enredado em seus problemas internos, protesta diplomaticamente, pretendendo manter-se ainda detentor da autoridade política local; no entanto, é avassalado pela tragédia, pelo caos e pela História.

Por fim, vale a pena registrar que, em meio a desabafos e rivalidades, Vasco Lourenço – 25 anos depois do 25 de novembro – observa, com uma ponta de mordacidade, que os Capitães de Abril, mesmo os que se envolveram no episódio de novembro do lado vencedor, terminaram ou estavam terminando suas carreiras como coronéis ou tenentes-coronéis, ao passo que quase todos os tenentes-coronéis de novembro tornaram-se generais, como Ramalho Eanes. Reconhece ainda que "é lamentável a recuperação que teve toda a direita, e que o 25 de abril tenha deixado de ser importante no currículo dos militares".[12]

A seguir, abordaremos o período imediatamente posterior a 25 de novembro, a partir das atas das duas reuniões do CR que se seguiram a esse episódio.

A 49ª CR, uma reunião extraordinária que se realiza em 3 de dezembro – portanto, logo no dia seguinte ao término da reunião permanente iniciada em 25 de novembro –, foi aberta, como de praxe, por Costa Gomes. Após chamar atenção para as críticas que o CR vinha sofrendo pelo fato de se ocupar de problemas menores e descurar os de elevado interesse, e de solicitar que Ramalho Eanes (que havia sido nomeado interinamente, em 27 de novembro, Ceme) e Vasco Lourenço (efetivamente,

---

12 Disponível em: <http://www.dossiers.publico.pt/25novembro/tabelas_main_right/entrevistas/vasco_lourenço.html>.

comandante da RML) expusessem os acontecimentos do dia 25 e dos posteriores para que o CR os analisasse, Gomes observou

> [...] que se [vivia] uma oportunidade ímpar para conseguir que o Governo governe e o Conselho [fosse] respeitado, pelo que não [deveria] haver demasiada complacência com os Partidos Políticos que [pretendessem] ultrapassar o Conselho da Revolução.

Afirmava ainda que não era possível permitir "veleidades de agitadores de massa aos Órgãos de Comunicação Social" e acrescentava que o PPD e o PCP eram os partidos que mais fortemente expressavam o desejo de ver os militares fora da política, considerando que a esquerda consequente, com "capacidade de intervenção no processo político", terminava no PCP.

Esse início acabou por dar o norte da reunião, pois a partir dele a questão da relação entre as FA, o MFA e o CR com os partidos praticamente dominou as intervenções seguintes. O Primeiro-Ministro, claramente buscando viabilizar a atuação do governo, propõe tanto a formação de comissões no CR, com "missões políticas" definidas, quanto a revisão da Plataforma Constitucional Partidos-MFA – questão que efetivamente dominará o cenário político pós-novembro.

Como não podia deixar de ser, a melhor indicação das necessidades políticas imediatas foi expressa por Melo Antunes, no sentido de que

> [...] deve haver a iniciativa do Conselho da Revolução-MFA para: 1) Revisão do Pacto com os Partidos; 2) Novo Projeto Político do MFA; 3) Carta de Garantia de Liberdades; em conjugação com a reestruturação das Forças Armadas e revisão da instituição dos Órgãos do MFA.

Note-se que, em função do momento e do consequente rumo da discussão, o MFA acabou por voltar à baila, depois de longo período eclipsado pela crise. Nesse sentido, a segunda longa intervenção de Costa Gomes mostrou bem que as dificuldades da relação do MFA com os partidos políticos, semilatentes nos dezenove meses, tinham naquele momento condições de ser tratadas objetivamente, desde que a condução do processo estivesse nas mãos dos militares. Em síntese, afirmava:

> 1) É função do MFA ter um papel moderador e aglutinador dos Partidos; 2) Definir a filosofia política e a doutrina do MFA, para evitar desvios à esquerda e à direita. O MFA quer o Socialismo Democrático, pluralista, com respeito pelas liberdades; 3) Considera que se deve caminhar para o objetivo-limite de se confundirem MFA e Forças Armadas, mas que neste momento ainda não está realizado. Para prosseguir o caminho da Revolução são precisos militantes e nem todas as pessoas estão dispostas a sacrificar-se por ideias. Deve exigir-se aos militantes que tenham um perfil militar, que estejam hierarquizados e disciplinados e não vão contra a política definida pelo MFA e da qual os Partidos Políticos também não podem arredar-se para longe.

Possivelmente, essa reunião foi a segunda mais importante depois do 25 de abril. Com ela, inaugurou-se (por parte dos vencedores em novembro) um discurso mais ordenado e objetivo em defesa dos valores democráticos básicos para o Ocidente, colocando o 25 de novembro como a resistência à contrarrevolução, intentada pela esquerda imputada como radical. Não por coincidência, a intervenção de Ramalho Eanes (estreante no CR) carrega um quê de estadista quando inicia solene: "não há ameaças à esquerda, nem à Revolução, nem caça às bruxas como soe dizer-se". Talvez, já estivesse em seus planos a atuação na vida política futura do país, balizada por uma nova Constituição, uma vez que, na sequência de sua intervenção, defendeu firmemente que o melhor que os militares poderiam fazer pela Revolução era serem "verdadeiramente militares".

Dois pontos decorrentes dos acontecimentos do final de novembro merecem ainda ser ressaltados. Primeiro, como não poderia deixar de ocorrer, a discussão em torno da posição e da eventual participação do PCP nas escaramuças de novembro inflamou os ânimos da Constituinte e, no dia 2 de dezembro, tanto o PS quanto o PPD e o CDS atacaram violentamente o PCP. Contudo, fizeram-no com uma distinção significativa: o PPD exigia a saída dos comunistas do Sexto Governo. Isso fez com que, em 4 de dezembro, Mário Soares, em entrevista coletiva, demarcasse a posição do PS, que, na verdade, estava em sintonia com o que já haviam externado Melo Antunes e Vasco Lourenço, uma vez que ele defendia a permanência do PCP no Governo apesar de tudo, e, com isso, acusava o PPD de "anticomunismo retrógrado". O outro fato é que o país passaria a conviver com uma quarta leva de presos políticos – agregada aos do 25 de abril, aos do 28 de setembro e aos do 11 de março –, sendo esta (que já passava de uma centena) formada em grande parte por militares que apoiaram a queda do salazarismo e que não haviam participado ativamente da tomada do poder – motivo pelo qual o CR dedicava atenção especial aos locais de suas prisões, aos recém-criados tribunais revolucionários e, sobretudo, à segurança desses presos.

O Presidente da República abre a 50ª CR, realizada em 11 de dezembro, dando conta de que vinha sendo procurado por organizações da sociedade civil, sobretudo pelos sindicatos, que expressavam o receio de que os últimos acontecimentos militares tivessem sido uma manobra para o país, colocando em risco não só as conquistas de abril (e aqui é importante ressaltar que a ata destaca: "no domínio da Reforma Agrária, das Nacionalizações e do controle operário"), mas também propiciando a atuação violenta, "sem respeito pela inviolabilidade de domicílio", de forças repressivas em busca de armas e, principalmente, o "recrudescimento da direita, mais ativa e contundente sobretudo no Norte do Tejo". A esse respeito, havia uma solicitação da Intersindical para que o governo desse atenção especial à II Plenária Nacional de Agricultores, marcada para 14 de dezembro (um domingo) em Rio Maior, pois reivindicariam (como de fato ocorreu, apesar do desejo do Primeiro-Ministro de que ela fosse "evitada") que tanto Costa Gomes quanto Melo Antunes deixassem o CR. A partir daí, pode-se ter a medida de um certo ganho de espaço da direita e de meios reacionários. A Plenária impôs ainda mais sete pontos ao GP, e estes deveriam ser cumpridos até 31 de janeiro! Vale notar que vários documentos, à esquerda e à direita (e neste âmbito, nomeadamente de associações de pequenos agricultores do centro e norte do país), manifestando apreensões com relação a avanços e retrocessos, foram apresentados e lidos nessa reunião do CR.

O Primeiro-Ministro, com razões de sobra, mostrava-se preocupado com as garantias mínimas de governabilidade; por isso, insistia na revisão do Pacto com os partidos. Com esse objetivo, apresentou uma moção, aprovada na Constituinte pelo grupo parlamentar do PS, observando que considerava bem possível que o PS e o PPD passassem para a oposição caso o Pacto não fosse revisto. Ele reafirmava ainda a importância da remodelação do Sexto GP, chamando atenção também para a necessidade de o MFA estabelecer um programa político claro, e o que fazer para que os trabalhadores não se deixassem arrastar por ilusórias conquistas revolucionárias. Expressava também a necessidade do PCP (que considerava "a grande força antidemocrática") fazer publicamente uma "confissão de compromisso democrático".

Mais uma vez, quem enfeixa a questão é Melo Antunes, que trata, segundo a ata, exaustivamente do Pacto com os partidos, observando, entre outras questões, que:

> [...] há que programar como fazer a transição da economia de mercado, como fazer a transição do capitalismo para as formas coletivizadas da produção, sem perda das liberdades democráticas, sem cair no caos e sem perder as conquistas já feitas [...]; há que dispor de um estudo forte, capaz de impor as medidas que permitam a acumulação necessária ao aumento da produção [...]. [E afirmava ainda que] o povo tem que compreender bem o Programa que o MFA vai executar, que ele não se destina a alimentar a burguesia.

É preciso atentar-se para os termos utilizados pelo major – socialista democrático e líder intelectual dos Nove. Na reunião, ficou decidida a abertura imediata das conversações com os partidos políticos.

Mais adiante, duas questões típicas de certas ansiedades que podem permear situações políticas como as que o país atravessava foram discutidas: as medidas de saneamento na área pública e na área privada. O problema estava exatamente nesta última, motivo pelo qual mandou recolher-se todos os militares que estivessem designados a intervir no saneamento de empresas privadas.

Como sinal de outros tempos, ressaltamos que os generais Otelo Saraiva de Carvalho e Carlos Fabião foram "desgraduados" e desligados do CR, "conforme pedido de ambos" e, talvez como sinal de retorno à normalidade, o Conselho resolveu também "levantar a interdição de caça em todo o Território Nacional".

Finalmente, observamos que o Conselho da Revolução, como foi integrado à nova Carta Constitucional de 1976, foi extinto somente em 1982, e a AMFA – após um arremedo de reunião em 5 de setembro de 1975 – perdeu-se misteriosamente na História.

Oito cravos vermelhos plantados no Jardim da Europa

Com base nas trajetórias apresentadas anteriormente, pode-se constatar que a Revolução dos Cravos repousa parte de sua peculiaridade em um conjunto específico de condições que permeiam seu período pré-constitucional – o período de libertação – e que confirmam descrições e interpretações de estudiosos e pesquisadores. A seguir, indicaremos essas principais condições, que julgamos cruciais para sua análise e compreensão, aproveitando a oportunidade para nos referirmos a alguns dos principais estudiosos da Revolução.

Núcleo revolucionário formado exclusivamente por militares

O primeiro aspecto a ser observado prende-se ao fato de o núcleo revolucionário ter sido formado exclusivamente por militares, que, após a tomada do poder, institucionalizaram e ampliaram o grupo originário – o Movimento dos Capitães –, criando o Movimento das Forças Armadas (o histórico MFA).

Efetivamente, apenas as Forças Armadas detinham a possibilidade de tomar o poder e de mudar os rumos do país. Entretanto, o que ocorreu de significativo foi que, ao conquistarem o poder, trilharam um caminho inverso ao tomado por outros golpes de Estado promovidos por militares naquela altura do século XX – particularmente na América Latina –, e sabiamente fomentados pelos Estados Unidos.

Os militares (redentores do país) viram-se logo diante de um grande impasse, uma vez que não possuíam uma estratégia efetiva para enfrentar os inevitáveis desdobramentos do movimento político que empreenderam, ou mesmo um plano para além da derrubada do governo. Isso se evidencia tanto pelo acolhimento inicial, no seio da Revolução, de militares resolutamente contrários à independência das colônias quanto pelo cálculo ingênuo da situação de Portugal no contexto internacional da Guerra Fria.

Devemos, entretanto, levar em consideração o tremendo esforço dos sucessivos Governos Provisórios no sentido de conter, ao longo de dezenove meses e em tempos de polarização ideológica, a brutal pressão do Ocidente democrático para que o destino do país fosse logo apresentado ao mundo.

Por isso, é necessário notar a progressiva ampliação da tensão no meio político em torno da disputa pelo poder. Sobre esse aspecto, merece especial atenção o pioneiro trabalho de Rona Fields (The portuguese revolution and the Armed Forces Movement, publicado no final de 1975, nos Estados Unidos), por apontar o caráter singular do movimento militar português, criticando especialistas e jornalistas políticos americanos que, diferentemente dela, classificavam o quadro português apenas como mais um golpe de Estado, e não como uma revolução, atribuindo tal diagnóstico ao cabal desconhecimento que o meio intelectual internacional tinha sobre país – como, aliás, já havia apontado Philippe Schmitter, em março de 1975 (Fields,

1978, p.34-5).[13] As conclusões que a autora apresentou naquele momento tornar-se-iam recorrentes nas futuras análises sobre a Revolução; como, por exemplo, o seu caráter único, por sua capacidade de ousar imprimir mudanças profundas com uma taxa de violência praticamente nula.

Não obstante, e devido ao quadro político no momento em que escreveu, Fields alertava para a possibilidade de uma guerra civil. Tanto o difuso papel institucional do MFA quanto sua cada vez mais complexa relação com os partidos políticos causavam reflexos não só no interior do próprio Movimento, mas também (e de uma forma sensivelmente mais incontrolável) nas Forças Armadas como um todo (Fields, 1975, p.207).[14]

---

13 Possivelmente, essa posição frente a seu meio acadêmico colaborou muito para pesadas críticas que recebeu (Fields, 1978, p.509-11 e Chilcote, 1987, p.55) e para o próprio ostracismo a que foi submetido esse trabalho da, então, professora associada do Departamento de Sociologia da Clark University, em Worcester, Massachusetts. Ela havia publicado seu livro, dedicado aos primeiros dezoito meses da Revolução, após realizar pesquisa de campo em 1974 e 1975. Registre-se que se o pioneirismo implicou em falhas, mas não impediu que a autora realizasse uma abordagem de largo espectro, contemplando como os antecedentes da tomada do poder, a situação na África e o quadro socioeconômico do país, a tomada do poder em si, os Governos Provisórios e o papel dos partidos políticos. Esse pioneirismo, e a perspectiva da análise, fez com que o seu trabalho se apoiasse fortemente em documentos oficiais e, também, em jornais, que em períodos de crise mostram-se fontes oportunas. Ainda que tenha deixado de utilizar literatura pertinente a temas como "transição" e "revolução", não se furta, porém, a recorrer a trabalhos de especialistas, como Davidson e o próprio Chilcote (sobre a África), e de Schmitter (sobre corporativismo).
14 Posteriormente, não só os acontecimentos do 25 de novembro, mas também depoimentos de participantes ativos do processo – principalmente militares –, revelariam diversos episódios pouco conhecidos e que colocaram o país à beira de uma guerra interna. Atentemos, por exemplo, para a afirmação de Vasco Lourenço: "O comentário diz respeito ao chamado Verão Quente [meados de 1975]. Quem não tivesse vivido os acontecimentos e ouvisse, há pouco, Salgado Zenha [importante quadro do PS], pensaria que o Verão Quente decorreu num clima de tranquilidade e de

Por fim, observamos que a autora reconhece na guerra colonial a maior responsabilidade pela socialização política dos militares, embora reconheça também que, apesar da longa ditadura salazarista, sobreviveu no país alguma forma de pensamento contestador. Esse segundo aspecto, de acordo com o professor e militante socialista português César Oliveira, acabou por gerar movimentos e partidos de esquerda (Fields, 1975, p.80-4).[15] O pequeno livro do historiador Oliveira (*MFA e a revolução socialista*) é utilizado por Fields; a obra fora editada em meados do segundo semestre de 1975, momento em que, com razoável otimismo, ainda era possível (pelo menos para um militante) sonhar com um futuro socialista para o país – fator este que irá mover o autor no questionamento do papel político do MFA.

Assim, e utilizando toda a impetuosidade que os anos 1970 imprimiam ao vocabulário marxista, Oliveira acreditava que a transição para o socialismo só seria possível se o MFA ("um dos centros essenciais de poder político") viesse a se integrar com forças políticas de esquerda. E isso ainda que houvesse "garantia" de que o processo revolucionário desenvolver-se-ia "como expressão da mobilização e da capacidade coletiva dos trabalhadores portugueses" (Oliveira, 1975, p.126).

Segundo Oliveira, Portugal tornara-se um caso absolutamente original no que diz respeito a uma opção socialista, pois

---

monotonia extremas. Nada de especial se teria passado aqui. Nem roturas. Nem lutas. O certo é que estivemos, várias vezes, à beira da guerra civil. Deve-se, em grande parte, ao extraordinário papel desempenhado por Costa Gomes que o conflito não tenha eclodido" (*Apud* Mesquita; Rebelo [Orgs.], 1994, p.171). Vejamos o que diz o próprio Costa Gomes: "A guerra civil teve possibilidade de deflagrar a partir de setembro de 1974 até 25 de novembro de 1975. Sempre envidei todos os esforços para evitar" (Costa Gomes, 1979, p.85).

15 César Oliveira foi filiado ao Movimento da Esquerda Socialista (MES), partido situado à esquerda do PS, até maio de 1974. É autor de importantes trabalhos sobre a trajetória dos socialistas no país, particularmente de *O socialismo em Portugal 1859-1900*.

em nenhum outro país a experiência de uma frente popular contara com os três atributos fundamentais presentes no caso português: (1) um órgão como o MFA, que "dirigia" as Forças Armadas e "parecia" deter a possibilidade de resistir a "tendências políticas conservadoras ou a serviço da burguesia"; (2) uma "hegemonia política em parte das superestruturas de forças de esquerda (PCP, PSP, MDP/CDE) e relativa desorganização das forças políticas de direita"; (3) e o fato de que os portugueses estavam se livrando simultaneamente do "fascismo" e do "colonialismo" em um "período de crise do capitalismo em escala mundial" (Oliveira, 1975, p.127).

Resta-nos aqui perguntar que futuro político poderia ter um Conselho consubstanciado na AMFA, no qual a hierarquia militar havia sido quebrada e as teses de partidos políticos de esquerda eram sentidas e exercitadas com vigor naquele período.

Apoio e adesão da população

A amplíssima adesão da população logo no primeiro momento, e mesmo ao longo dos primeiros meses, foi um fator que contribuiu decisivamente para que as resistências à Revolução se mostrassem inócuas.

Essa é uma questão que poderia ser considerada lugar--comum nos primeiros momentos de revoluções; todavia, no caso português, ela assume características muito particulares, uma vez que a contestação ao regime salazarista era praticamente nula – porque ineficaz. A sociedade como um todo e as próprias associações da sociedade civil (clandestinas ou não), incluindo-se aqui os partidos políticos, não dispunham de organização e capacidade para postularem a tomada do poder, embora as agremiações políticas mais importantes tivessem informações sobre a disposição dos capitães nesse sentido. Por isso, a adesão da população deu-se de forma realmente espontânea e com total sintonia com os propósitos políticos imediatos. Devemos considerar sobre esse ponto: primeiro, o fato de que, após cerca de treze anos de desgaste em conflitos declarados na África, todo o país, de uma forma ou de outra, mantinha uma relação dramática e trágica com a guerra e com o salazarismo – termo que a encarnava e a personificava com perfeição no continente europeu.

Como segunda consideração sobre o apoio espontâneo da população, cabe frisar o fato de que a Revolução ocorre no início do último quarto do século XX, momento em que as organizações de trabalhadores no mundo ocidental (sobretudo, os sindicatos, e mesmo em países considerados politicamente "atrasados" – para usarmos uma denominação comum na época) haviam conquistado razoável capacidade de pressão sobre patrões e governos, o que somente ocorrera em Portugal com extrema dificuldade, embora nos últimos anos do governo de Marcello Caetano as greves e os conflitos trabalhistas tenham se intensificado.

Com relação à participação direta da população, outro aspecto interessante é o fato de que as primeiras manifestações públicas favoráveis à Revolução (passeatas e comícios, com a ocupação de ruas, alamedas e praças na zona central de cidades como Lisboa e Porto) ocorriam sob sensível clima de congraçamento entre os participantes – e destes com os políticos e, principalmente, com os militares. À medida que os partidos foram ocupando grande parte do proscênio político, suas divergências inevitavelmente repercutiram nas ruas – divergências que passaram a refletir as sucessivas clivagens que se foram avolumando ao longo dos sucessivos Governos Provisórios. Com isso, embora o apoio maciço à causa revolucionária continuasse a se fazer sentir, a unidade da adesão tornou-se, pouco a pouco, ilusória.

Ausência de efetivos policiais nos espaços públicos

A ausência de repressão policial – ainda que em alguns momentos intervenções pontuais tenham sido necessárias – fez com que a taxa de liberdade experimentada pelos cidadãos alcançasse uma marca incomum até mesmo para democracias consideradas já consolidadas na época.

É certo que essa experiência – por assim dizer libertária e que tanto dificultava a organização de forma mais institucionalizada do país (particularmente dos trabalhadores), e que também insuflava diversas formas de ação coletiva (principalmente as que visavam a ocupação de imóveis e o controle de empresas e fábricas) – acabou por propiciar a sensação de um clima de "comuna", que viria a levar os Governos Provisórios e os segmentos militares que se tornaram vencedores em novembro de 1975 a apressar o enquadramento e as institucionalizações fundamentais para a consolidação de um ambiente democrático em moldes ocidentais.

Para que se possa aquilatar minimamente a singularidade dessa situação, registremos o depoimento de um experiente jornalista alemão, em entrevista à Radiotelevisão Portuguesa, exatamente por possuir longa experiência na cobertura de golpes de Estado – e que, como tantos outros, permaneceu no país nos dois primeiros anos da Revolução. Ele declarou, com certa emoção, que nunca havia convivido por tanto tempo com quebras de hierarquia, em público e no meio governamental e, ainda mais grave, no seio militar – principalmente por pronunciamentos na TV –, apontando para a flagrante ausência de forças policiais fardadas nas ruas (até mesmo de guardas de trânsito!).

Oportuna situação econômico-financeira do país

Outro aspecto a ser lembrado prende-se à existência de um quadro financeiro francamente favorável no momento da tomada do poder: um país praticamente sem dívida externa e com divisas significativas acumuladas. Esse é um ponto interessante, uma vez que a administração financeira imposta por Salazar lastreava-se no entesouramento, o que permitiu à Revolução (com certo conforto econômico-financeiro) dispor de dezenove meses para discutir, com rara ousadia, seu futuro. Não devemos desconsiderar o assédio da social-democracia europeia (mais palatável, porém, não menos discreto do que o desfechado pelos americanos), que contribuiu de forma decisiva para a definição do rumo definitivo do país, a partir de suporte financeiro no momento preciso em que o país começava efetivamente a necessitar de recursos.

Portugal manteve ao longo da era salazarista uma postura econômico-financeira do tipo mercantilista, postura que possibilitou à Revolução (em um país de diminutos recursos naturais e industriais) exercitar exaustivamente (e por um tempo considerável) a arte da persuasão, fundamento maior do exercício democrático.

A ATUAÇÃO DO GENERAL FRANCISCO DA COSTA GOMES

A permanência do mesmo militar, Francisco da Costa Gomes (um general discreto e respeitado profissionalmente que se tornou o fiador e fiel da balança do poder,), na presidência da República do Terceiro ao Sexto Governo Provisório – vinte e dois dos quase vinte e sete meses de governo pré-constitucional –, é também outro aspecto crucial: dele dependeu, de forma reconhecidamente insofismável, a relativa e pacífica estabilidade do período libertador, constituindo-se como o seu fio condutor.

Se por um lado Costa Gomes viveu situações polêmicas,[16] por outro, mostra-se determinado quando não vacila em ir à manifestação contra o Sexto GP para alertar sobre o sério

---

16 Costa Gomes encabeçou, em agosto de 1974, um documento, não redigido por ele e subscrito por cerca de duzentos oficiais, pedindo a "extinção da Comissão Coordenadora [do MFA], assim como o restabelecimento da hierarquia militar em bases sólidas". Anos depois, essa adesão foi assim explicada por ele: "Pretendia-se, então, que as unidades fizessem menos política e se dedicassem mais ao aperfeiçoamento da sua profissão militar. Foi-me dito pelo Hugo Santos que esse documento, da sua autoria e do Engracia Antunes, tinha o acordo da Comissão Coordenadora, o que, afinal, não era verdade, como depois se esclareceu". Quanto a ter o aval da CC, complementava: "Podia, porque o que realmente se pretendia é que o Exército, globalmente falando, integrasse o MFA, incluindo a Comissão Coordenadora. Ou seja: a Comissão, que era um elemento específico e muito valorizado, devia deixar de ter toda aquela importância para ser o Exército, como um todo, a readquirir essa mesma importância" (Cruzeiro, 1997, p.247).

risco de uma guerra civil. Sem sombra de dúvidas, um dos principais mistérios da Revolução centra-se na figura desse singular general, pois mesmo em meio a toda a turbulência dos seis Governos Provisórios ele permaneceu blindado e, por isso mesmo, intocável. O reconhecimento de sua correção e dignidade no desempenho de suas funções como profissional militar (em particular na África) certamente pode explicar o motivo de ele ter conseguido conservar, de modo significativo, o respeito hierárquico em seu meio – algo que se tornou tão combalido pelo progressivo desgaste ao longo do processo revolucionário. Isso explica também, de certa forma, a outorga de legitimidade ao seu longo desempenho como presidente da República.

Muito possivelmente, sua reputação pode ser explicada, em parte, por sua falta de ambição pelo poder, reafirmada em dois momentos fundamentais da Revolução, pois em ambos deixa de pugnar pela presidência da República: logo em seu primeiro momento (contra seu subordinado Spínola) e no término do período libertador (contra o até então obscuro general Ramalho Eanes).

Ausência de liderança carismática

Outra característica que confere especificidade à Revolução Portuguesa, e por isso merece ser destacada, é a ausência de uma liderança efetivamente carismática. De certa forma, revoluções ensejam o afloramento de lideranças com esse caráter, ou mesmo as constróem por meio de mecanismos que todos testemunhamos como cada vez mais usuais na vida política. No entanto, no caso português, isso não ocorreu, embora alguns líderes militares e civis tivessem se apresentado à população para cumprir esse papel.

Essa ausência propícia deve-se certamente à força do MFA, pois, se o Movimento não impôs uma figura carismática, ele pode tê-la desestimulado, em decorrência de sua estrutura e forma de organização colegiada. De fato, para citarmos apenas dois exemplos no meio militar, nem o próprio presidente da República (o general Costa Gomes) nem o brigadeiro Otelo Saraiva de

Carvalho (defensor e porta-voz da via política não convencional mais influente no poder) mostraram-se detentores de atributos específicos e intransferíveis suficientes para ocupar tal espaço.

O COMPROMISSO DESDE A PRIMEIRA HORA COM OS PARTIDOS POLÍTICOS

O cumprimento do compromisso assumido, desde o primeiro documento oficial tornado público pela Revolução, de incorporar os partidos na nova vida política do país (especialmente com a convocação de uma Assembleia Constituinte) constitui talvez o aspecto que mais conferiu especificidade ao movimento. Esse compromisso foi responsável tanto pela maior parte dos conflitos deflagrados no período inicial[17] quanto pelo rumo que Portugal foi forçado a tomar depois de 25 de novembro de 1975, após dezenove meses de imensa e permanente tensão política.

Há interpretações (como a de César Oliveira, por exemplo) que, ao apontarem a ambiguidade a que ficou submetida a política colonial após as lideranças do MFA cederem às exigências de militares reacionários – e também às imposições do general Spínola com relação à retirada tanto de seu programa quanto da proclamação dirigida ao país pela JSN (no dia 26 de abril) do claro reconhecimento ao direito de independência política das colônias, conforme constava das duas primeiras versões do programa –, estendem a marca dessa ambiguidade às intenções dos militares para com os partidos políticos –, o que julgamos improcedente.[18]

---

17 Nesse caso particular, retomamos Rona Fields, que mostrou com clareza que o persistente suporte do PCP ao MFA e aos Governos Provisórios gerava permanente incerteza quanto ao futuro da Revolução, pois o fato de Portugal pertencer à Otan era um fator-chave, e mesmo decisivo (Fields, 1975, p.225-6).

18 Dado tratar-se de uma questão crucial, vale a pena citar Oliveira (1996, p.88, n.7): "Não era só na política colonial que se verificavam ambiguidades. A Proclamação também não autorizava os partidos políticos, mas sim

Considerando que essa interpretação é encampada também por outros pesquisadores,[19] torna-se oportuno expormos nosso ponto de vista. A celeuma tem como centro a hipótese de que os partidos, apoiados largamente pela população, deslancharam um processo irreversível e tornaram-se personagens imprescindíveis, impondo-se ao processo revolucionário desde o seu início. Na proclamação ao país, a JSN compromete-se, entre outras questões, a

> [...] Promover, desde já, a conscientização dos portugueses, permitindo plena expressão a todas as correntes de opinião, em ordem a acelerar a constituição das associações cívicas que hão de polarizar tendências e facilitar a livre eleição, por sufrágio direto, de uma Assembleia Nacional Constituinte e a sequente eleição do Presidente da República (Dossiê Segunda República, 1976, v.1, p.24).

E, no Programa do MFA apresentado à nação, também em 26 de abril, consta que o

> [...] Governo Provisório, tendo em atenção que as grandes reformas de fundo só poderão ser adotadas no âmbito da futura Assembleia Nacional Constituinte, obrigar-se-á a promover imediatamente: [...] b) A liberdade de reunião e de associação. Em aplicação deste princípio será permitida a formação de associações políticas, possíveis embriões de futuros partidos políticos, e garantida a liberdade sindical, de acordo com lei especial que regulará o seu exercício (Dossiê Segunda República, 1976, v.1, p.204-5, grifo nosso).

---

associações cívico-políticas. Depois, os partidos surgiram à luz do dia e não houve 'força' para impedi-los de agir e tomar iniciativas enquanto tais. O próprio PPD surgiu nos começos de maio, porque era urgente a sua formalização pública para que Magalhães Mota e Sá Carneiro pudessem participar como seus representantes no I Governo Provisório".
19 Carrilho, 1994; Ferreira, 1984 e Ferreira, 1996.

Note-se que, nesse caso específico, a versão definitiva do programa seguiu o que constava das duas versões preliminares, e também que Spínola tentou suprimir todo o segundo período da alínea "b" (Almeida, 1978, p.366-8).

Ora, até o 25 de abril a tradição partidária portuguesa era inexistente. A imposição de um partido único pelo Estado Novo salazarista (com a criação da União Nacional – UN – em 1932) dizimara efetivamente a possibilidade do uso do termo *partido* nas denominações dos agrupamentos políticos.[20]

Ressaltamos ainda que as lideranças do Movimento não cederam à pressão de Spínola possivelmente porque assumiram, nos mesmos documentos, o compromisso de convocar uma Constituinte – por sinal, compromisso empenhado na primeiríssima hora por um comunicado radiofônico na noite do próprio dia 25 de abril (Dossiê Segunda República, 1976, v.1, p.23.)

O compromisso assumido pelos militares do MFA com relação à participação de partidos no processo político-institucional contrasta com o comportamento usual de militares responsáveis por golpes de Estado. No entanto, essa atitude obriga-nos a atentar para o exercício do poder pelo Movimento, assim como a considerar o procedimento dos partidos políticos ao longo dessa empreitada essencialmente militar. Observemos que a literatura corrente sobre revolução (em virtude dos caminhos comumente contrários à democracia que tomam os golpes militares) acaba por tratar dessas ocorrências exclusivamente pela perspectiva da implantação de um regime autoritário. A abordagem a partir da análise do papel dos partidos políticos,

---

20 Faz-se necessário averiguar se houve efetivamente um impedimento formal no que diz respeito à utilização do termo partido, quando tomado por facção – o que é bem possível, tendo-se em vista o recorrente discurso salazarista enaltecendo o caráter unitário da nação. Afinal, Maurice Duverger – um eminente cientista político francês que não escondia sua aposta na democracia – era um autor proibido em Portugal até abril de 1974 (Morais, Violante, 1986, p.252).

em contrapartida, trata-os sempre em um ambiente em que não há um ente distinto e desigual (um conselho) disputando o poder, pois não há compatibilidade na existência de ambos.

Com relação ao quadro partidário propriamente dito do início de 1975, César Oliveira – em meio a críticas ao radicalismo de parte da esquerda (maoístas, trotskistas e marxistas-leninistas) e à adesão dos partidos a uma "democracia burguesa parlamentar" como forma de "institucionalização de uma democracia pluralista" – também reconhecia, já em fevereiro, que o MFA viu-se, e ainda encontrava-se, frente a um

> [...] dramático dilema: ou avançava apoiado por uma frente política de certo modo indefinida e sem uma clara dimensão política, porém com uma indiscutível hegemonia do PCP, ou detinha o processo, facilitando a concretização de posições contrarrevolucionárias e democrático-burguesas do PS, do PPD, e do CDS (Oliveira, 1975, p.153).

Tal diagnóstico, que se apresentava como um dilema (pois supunha-se que qualquer das duas opções viria a causar fissuras irreparáveis e destrutivas ao MFA), obrigava Oliveira a apontar um horizonte que, a curto prazo, viabilizasse a formação de uma "força revolucionária" (que oferecesse uma alternativa "à burguesia e ao reformismo") e que fosse capaz de

> [...] "jogar de igual para igual" por um lado com o PCP, e, por outro, com o próprio MFA, e que pudesse definir, por sua capacidade criadora, importância numérica e falta de compromisso internacional, não só um projeto político revolucionário, consequente e global, mas também os termos da união rigorosa e clarificadora com o PCP e o MDP/CDE (Oliveira, 1975, p.153).

A estratégia preconizada por Oliveira não vingou: o PCP, a quem ele creditava a garantia de sua viabilidade (algo com que concordamos) agiu, no mínimo, fora de sintonia com as dissensões instaladas no MFA, como viria a reconhecer mais tarde o seu próprio secretário-geral na época, o inflexível Álvaro Cunhal (Cunhal, 1976, p.383).

Vale ainda chamar a atenção para dois pontos observados por aquele autor. Costa Gomes, em suas palavras, "personificava a todo o MFA e a todas as forças armadas" (Oliveira, 1975, p.150). Por outro lado, mantendo o tom ideológico de sua análise, ele entrevê a origem do 25 de abril em uma

> ruptura no bloco social dominante, que nessa altura se [encontrava] dominado pelo capital industrial e financeiro e que não [encontrava], no momento, no poder político, espaço para assegurar seu próprio domínio (Oliveira, 1975, p.49).

Em 1976, César Oliveira, juntamente com ex-militantes do PS e do PCP, concluía que a crise política que jogou o país na senda da democracia parlamentar tradicional deveu-se, fundamentalmente, à falta de autocrítica da esquerda após 25 de abril, sobretudo pelo papel desempenhado pelo PS, assim como à falta de originalidade do processo condutor da Revolução. Este segundo ponto mostra-nos o impasse e a incógnita que significava, e de certa forma ainda significa, o MFA (Oliveira, Lourenço, Coelho, 1976).

A QUESTÃO COLONIAL

Finalmente, como último aspecto que define a especificidade da Revolução, deve-se incluir a questão colonial. De fato, na primeira hora, chegou a parecer que ela se tornaria um divisor de águas nas FA, indicando ser um problema que comportava apenas uma solução: a independência das colônias africanas.

Deve-se observar, nesse caso, que a guerra colonial foi a maior responsável pela socialização política dos militares. Por isso, devemos atentar para o fato de que há, pelo menos, duas principais interpretações sobre as razões que efetivamente teriam levado os militares a consumar o golpe de Estado – ambas indissociavelmente ligadas à guerra. A primeira acredita que o MFA nasce pela contestação, por motivos basicamente corporativos, ao já referido Congresso dos Combatentes do Ultramar – que tem seu início em 1 de junho de 1973, e se politiza enquanto Movimento dos Capitães até consumar-se como um movimento das FA, no início de março de 1974, em reunião realizada após o lançamento do livro de Spínola (Oliveira, 1996, p.77). Contestação essa que naturalmente se agravou a partir de meados de julho de 1973, com a publicação do Decreto-Lei 353/73 como desdobramento do próprio Congresso, conforme expusemos anteriormente.

É interessante notar o deslocamento do pivô do golpe em relação à leitura que apresentamos, assim como o entendimento de que o MC estava inicialmente afastado da busca de uma solução política – tanto para a questão colonial quanto (e sobretudo) para o futuro do país. Essa posição, em nosso entender, está diretamente vinculada à consideração do nível de cultura política que os líderes do Movimento possuíam na época, o que enseja uma especulação que ainda não vimos ser admitida: o fato de que, a partir do momento em que os militares das frentes de batalha tomaram consciência da inviabilidade da campanha colonial iniciada em 1961 (o que ocorreria no início dos anos 1970), teria havido uma amistosa aproximação com facções guerrilheiras, o que teria propiciado a formação de grupos de estudo sobre literatura marxista e de esquerda em geral (à revelia da Metrópole).

Essa posição, que julgamos mais do que viável, refere-se à possibilidade de uma relação que teria ultrapassado o forçoso contato estabelecido pelos militares com as ideologias dos movimentos de libertação, por meio de livros e panfletos apreendidos, ou mesmo no trato com prisioneiros, conforme aponta Maria Carrilho (1985, p.457-8).

Esse fato, e a consequente quebra de hierarquia nas Forças Armadas, tornaram-se questões altamente específicas e complexas no seio da Revolução. Não só pela imbricação a que estavam submetidas e pelo espaço que ocupavam na determinação do futuro, mas também pelo ônus martirizador que a aventura na África e a posterior e inevitável guerra colonial – que despovoou o país de homens jovens, seja porque foram para a frente de batalha, seja porque negaram-se a participar de uma aventura anacrônica (e, por isso, tiveram que deixar sua terra) – impôs à totalidade da população e garantiu a continuidade de uma ditadura que se considerava sutil, mas, como sempre, era mesmo implacável.

O reconhecimento, com maior ou menor clareza, desses fatos, embora tenha propiciado uma visão quase unânime daquele período, não eliminou, contudo, as dificuldades intrínsecas à (re)construção da vida política de um país que se encontrava socialmente exaurido e politicamente manietado (e por isso mesmo, sem perspectivas). As dissensões nas Forças Armadas, as nuanças que progressivamente demarcam os destinos dos partidos (principalmente os de esquerda) e o contexto da Guerra Fria envolveram complexidades nada desprezíveis. No entanto, as garantias que deram suporte ao processo, consubstanciadas no amplo – mas politicamente precário – Programa do MFA e reforçadas pelos pontos elencados anteriormente, foram suficientes para balizar rigidamente os muitos embates gerados por um quadro institucional confuso que comportava delicadas questões – como as que envolvem a manutenção da hierarquia no meio militar, e que inevitavelmente se acirraram quando estes tomaram o poder; o não menos delicado problema da organização sindical – uma vez que o seu desenho confere, em nossos dias, maior ou menor flexibilidade a esse importante setor da sociedade civil, afetando significativamente os partidos políticos –; e também as delicadíssimas relações internacionais, que, neste caso, passavam prioritariamente pela participação de Portugal na Otan.

Os comentários anteriores apontam algumas questões baseadas em pequena parte da imensa bibliografia hoje existente sobre a Revolução dos Cravos,[21] que ainda inclui, forçosamente, documentos, importantes depoimentos de protagonistas, e também competentes relatos jornalísticos, muito utilizados

---

21 A propósito, consulte a página do Centro de Documentação 25 de abril, órgão ligado à Reitoria da Universidade de Coimbra: <www.uc.pt/cd25a>.

(com justo merecimento), aliás, pois os capitães – no início do último quarto do século que fez da imagem uma de suas marcas consagradas – tiveram o rádio como primeiro aliado para desfechar o golpe de Estado.

De qualquer modo, até onde temos conhecimento, há pontos que ainda não foram contemplados ou suficientemente bem esclarecidos sobre o período de libertação, como: a alteração da correlação de forças no interior do MFA, que acabou por viabilizar o 25 de novembro; o efetivo papel desempenhado pelo major Melo Antunes (uma figura muito citada, mas pouco explorada e pouco considerada) como redator tanto do texto básico do Programa do MFA (texto fundador da Revolução) quanto do Documento dos Nove (manifesto que enquadrou a epopeia no horizonte político ocidental e fechou o período de libertação); a relevância de Portugal ser um Estado unitário para a viabilização do golpe e para a difícil administração cotidiana do país ao longo do período pré-constitucional; assim como o papel de âncora representado por Costa Gomes que, contrariando sua postura austera e permanentemente profissional – em meio ao grande embate travado pelas facções políticas no cerne do MFA, no "Verão Quente" de 1975, que levou a AMFA a alardear que "O MFA não tem partido" –, afirmou com uma ponta de ambiguidade: "O partido do MFA é o povo".

4. Portugal e o seu novo futuro

> Nenhuma cousa se pode prometer à natureza
> humana mais conforme ao seu maior apetite,
> nem mais superior a toda a sua capacidade, que
> a notícia dos tempos e sucessos futuros; e isto é
> o que oferece a Portugal, à Europa e ao Mundo
> esta nova e nunca vista história.
>
> Padre Antônio Vieira, *História do Futuro*
> [século XVII].

A estrutura institucional do *período libertador* da Revolução dos Cravos – uma revolução, de certa forma, inclassificável – proporcionou suficientes condições para que um novo princípio, do qual falaram Marx, Tocqueville e Arendt, pudesse ser fundado.

A constituição da Assembleia do MFA – que desejava revolucionar a vida política e, consequentemente, as outras esferas da sociedade – desenhou um conselho que, tendo em vista sua natureza e dimensão, tornou-se algo único na história das revoluções. Mesmo que posteriormente um conselho restrito (o Conselho da Revolução) tenha vindo a ocupar, de fato, o seu espaço político, ainda assim pensamos que o propósito permaneceu (propósito que só viria a esmorecer na instalação de um conselho restritíssimo, com a criação do Diretório – esta, sim, uma fórmula comum em movimentos revolucionários). A redução da escala do conselho, na busca de eficiência, denunciou, porém, um certo desespero e empobreceu sobremaneira a original ideia inicial.

As considerações acima sugerem também outra hipótese: a de que o MFA, além de não ter sido concebido para propor qualquer via político-institucional distinta da ocidentalmente consagrada pela presença de partidos, solapou a legitimidade conquistada pela rebelião exatamente quando se propôs a conceber e a implementar uma proposta que afrontava – porque excluía – os partidos. Nesse caso em particular, será significativamente importante registrarmos os papéis cumpridos pelo PCP e pelo PS, uma vez que ambos pretendiam conduzir a sociedade civil pela "via socialista", tão reafirmada pelos Governos Provisórios e pelo próprio CR.

No que diz respeito a esse enquadramento, finalmente é possível admitir que o episódio de 25 de novembro tenha sido, oportunamente, a relegitimação do 25 de abril. Portanto, a legitimação efetiva da Revolução – se considerarmos a trajetória percorrida pelo MFA, principalmente as propostas posteriores à sua institucionalização, em março de 1975 – pode ter sido fruto apenas da possibilidade encontrada por um pequeno grupo de militares (e de civis pertencentes a legendas radicais) ao compartilhar o poder, e que o Movimento encontrava-se fragilizado e relativamente permeável, pela natural dificuldade em se administrar situações inteiramente novas, como a experimentada após a rebelião.

A Revolução dos Cravos (classificada pela imprensa internacional como o terceiro dos dez acontecimentos mais importantes ocorridos no mundo no ano de 1974 – logo abaixo da queda de Nixon e da crise mundial do petróleo), ao efetivamente integrar Portugal à Europa, consumou o que o Estado Novo salazarista prometera sem, entretanto, poder cumpri-lo: à medida que as democracias ocidentais firmavam-se no pós--guerra, o país ficava cada vez mais isolado.

Essa inexorável integração – que em um ambiente como o da Guerra Fria deu-se, como não poderia deixar de ser, a partir de forte pressão do mundo ocidental (exercida com vigor pela Otan, e com cuidadosa orientação dos Estados Unidos) – ocorreu sob um texto constitucional que, ironicamente, preservou a forma semipresidencialista de governo, forma esta adotada desde a primeira hora pela República, nos idos de 1910.

Se considerarmos que Portugal conseguiu consolidar aquele instável projeto democrático iniciado em meados dos anos 1970, torna-se oportuno perguntar como ele foi viabilizado. Julgamos que, pelo menos, dois fatores foram cruciais na consecução desse projeto. Em primeiro lugar, a manutenção do compromisso (em nosso entender de primeira ordem) que incorporou os partidos ao processo político, uma vez que, além deles conferirem legitimidade aos Governos Provisórios, criaram condições básicas para a realização da eleição fundadora – que teve como característica singular a escolha dos responsáveis pela produção do corpo constitucional do novo regime – e das eleições seguintes, tão necessárias à qualificação da via política como democrática no Ocidente.

O segundo fator constituiu-se na adoção do referido sistema semipresidencialista. Nesse caso específico, devemos notar que a revisão da Carta, em 1982, foi fundamental para uma ratificação dessa forma de governo. A característica única da paridade de poderes entre a presidência e a Assembleia da República (inscrita na Constituição de 1976 e agravada pela presença de um presidente sem partido) contribuiu decisivamente para a pouca durabilidade dos gabinetes até 1983, quando nada menos do que oito governos foram instalados em seis anos.

Cabe observar aqui que, por um lado, as transições para a democracia constituem-se em processos específicos, extremamente singulares e destituídos de garantias minimamente claras quanto à obtenção de sucesso. Por outro lado, o sistema semipresidencialista de governo pode ser entendido como uma eterna experiência, realizada em permanentes condições de equilíbrio instável que constantemente acercam-se de seus limites e são balizadas pela fluidez e tenuidade.

Em uma concisa e generalizante definição de Duverger, pensador político francês, pioneiro no estudo de regimes políticos híbridos, estes caracterizam-se pela escolha de um presidente por sufrágio universal e dotado de poderes específicos, como no regime presidencialista (sendo que, em Portugal, ele também tem poder para dissolver o Parlamento), e de um primeiro-ministro, por sufrágio ou indicação, que dirige um governo que pode ser derrubado pelos deputados – como no regime parlamentarista. De qualquer modo, essa opção possibilitou efetivamente, ao longo dos anos posteriores à Revolução, que as forças políticas de centro – ora com peso socialista ora com peso social-democrata – se alternassem entre a chefia do Estado (pelo exercício da presidência da República) e a condução do governo (com a ocupação do cargo de primeiro-ministro). Por ironia, Portugal continuou seguindo a senda da ditadura por dez anos após a promulgação da Constituição democrática, entronizando um militar na presidência.

Em contrapartida, a nova relação com a Europa viabilizou a entrada de Portugal na CEE, em 1986, vindo depois a sediar o encontro que criou, de fato e de direito, a UE – por meio do Tratado de Lisboa (2007-2009) – e adotando o euro em 2002, ano de sua instituição. Com isso, embora tenha sido beneficiado com um plano especial de investimentos (que visou colocar o país, em termos socioeconômicos, em um patamar mínimo, principalmente pela implementação da indústria do turismo), manteve, como sempre, sua economia dirigida, ainda que indiretamente, pelos principais Estados europeus. Acrescente-se a esse quadro o fato de que, a partir do desmantelamento da União Soviética, a UE desviou seu foco de atenção e suporte para o Leste europeu, deixando Portugal, pouco a pouco, entregue às suas próprias possibilidades justamente num momento em que o país viu-se diante de problemas sociais nunca antes experimentados: a imigração (principalmente de cidadãos fugindo do desmonte do Leste europeu), o que gerou grandes desequilíbrios e irregularidades no mercado de trabalho (especialmente no âmbito da construção civil), assim como o significativo aumento da tensão social em algumas regiões.

A cada aniversário da Revolução, pode-se constatar, no geral, uma desilusão angustiada tanto por parte dos que a fizeram e dos que a viveram quanto por parte de algumas das atuais forças políticas institucionalizadas e da população mais jovem. A experiência democrática não trouxe, por si só, a necessária alavancagem do setor econômico, já que o país ocupa um desconfortável segundo lugar dentre as economias mais frágeis da zona do euro – situando-se abaixo apenas da Grécia. Desilusão assombrada pela sensação de que, ironicamente, foi implantada uma ditadura econômico-financeira pela União Europeia para o favorecimento de certos países-membros que, desde outrora e de uma forma ou de outra, sempre estiveram no comando do mundo – e que também colonizaram implacavelmente a África. Um bom exemplo é a implantação da Política Agrícola Comum, que acabou por favorecer, na disputa comercial, o vinho francês frente ao vinho português, que é um item fundamental na balança comercial portuguesa.

Passados trinta e seis anos de exercício da democracia, encontramos o presidente da Associação 25 de Abril, o capitão Vasco Lourenço – que, não esqueçamos, cumpriu papel fundamental na viabilização tanto do 25 de abril quanto do 25 de novembro –, a clamar por um "novo" 25 de abril, tecendo duras críticas à corrupção e ao judiciário. E esse é o anseio constatado, de modo geral, pelos meios de comunicação dentro da população, que pede "Abril de volta", embora reconhecendo que a instalação e a preservação de liberdades democráticas tenham sido conquistas fundamentais.

Certamente, para reafirmar o desencanto, podemos recorrer aos registros da rotina eleitoral portuguesa, pautada no voto voluntário. Ela tem registrado um progressivo desinteresse da população pelas eleições (sobretudo as nacionais), chegando o índice de abstenção a ultrapassar os 50% nas eleições presidenciais de 2011, quando o presidente Aníbal Cavaco e Silva (de centro-direita) foi reeleito com o menor número de votos desde 1976 – quando, no fim da aurora do "novo futuro", mais de 75% dos eleitores foram às urnas.

Por isso, talvez faça sentido que nessas mesmas oportunidades de comemoração do aniversário da Revolução surjam, até hoje, inevitavelmente discussões sobre como de fato se deu o 25 de novembro – dado que na imensa bibliografia existente sobre o 25 de abril não é possível encontrarmos esclarecimentos para dúvidas que permaneceram tempo afora. A principal delas, aliás, fora a questão da relativa facilidade com que os militares, liderados pelo Grupo dos Nove, conquistaram efetivamente o poder, aplacando inteiramente as reações de forças políticas mais à esquerda – especialmente as militares. Há grande possibilidade de que os rumos da Revolução tenham sido decididos, de cima para baixo, no Acordo de Helsinque – assinado em 1 de agosto de 1975, no qual estiveram presentes Gerald Ford (então presidente americano) e Leonid Bréjnev (secretário-geral do Partido Comunista da antiga União Soviética), assim como o general Costa Gomes (presidente de Portugal), e que se tornou um passo importante na atenuação da Guerra Fria.

Talvez, se atentarmos com cuidado para a restauração da imagem e da memória do general Spínola[1], possamos compreender melhor, em meio a este clima de lamento pela via comum (proporcionada pela experiência democrática ocidental) em que a Revolução entrou, o porquê do destaque conferido à exposição organizada na sede do governo (o Palácio de Belém) sobre o mesmo Spínola nas comemorações de Abril em 2010. Em contrapartida, e para nos referirmos a outro protagonista de Abril, Otelo Saraiva de Carvalho enfrentou processos, sendo efetivamente condenado, preso e reformado, como tenente-coronel.

Se levarmos em conta que, no embate da Guerra Fria, o episódio de Cuba, ocorrido 15 anos antes, selou o destino das mudanças políticas no Ocidente, podemos entender que aquilo que se viveu em Portugal foi a ocorrência da Revolução *possível* para um país que precisava *voltar* para a Europa.

---

1 Spínola fora promovido a marechal em 1981 (anos antes, havia sido ameaçado de prisão pelo CR e fora levado a julgamento no Tribunal Militar Revolucionário), sendo condecorado, em 1987, pelo então presidente Mário Soares, com a maior insígnia militar portuguesa – a Grã-Cruz da Ordem Militar da Torre e Espada – pelos "feitos de heroísmo militar e cívico e por ter sido símbolo da Revolução de Abril e o primeiro Presidente da República após a ditadura".

Referências

Sobre Portugal

Fontes primárias

Documentos oficiais, coletâneas de textos históricos e cronologias

ATAS DE ASSEMBLEIAS DO MOVIMENTO DAS FORÇAS ARMADAS (MFA), 1975.

ATAS DE REUNIÕES DO CONSELHO DA REVOLUÇÃO (CR), 1975-1976.

CONSTITUIÇÃO DA REPÚBLICA PORTUGUESA. Organização e notas de Maria Manuela Morais Cunha e Viterbo do Rosário Rego. Lisboa: Dom Quixote, 1983.

CONSTITUIÇÃO POLÍTICA DA REPÚBLICA PORTUGUESA – 1976. PROJETOS, VOTAÇÕES E POSIÇÕES DOS PARTIDOS. Compilação de Reinaldo Caldeira e Maria do Céu Silva. Lisboa: Livraria Bertrand, 1976.

CONSTITUIÇÃO PORTUGUESA DE 1976. Comentários de Soares Martinez. Lisboa: Verbo, 1978.

DOSSIÊ. *A Revolução das Flores* - do 25 de abril ao Governo Provisório. Lisboa: Editorial Aster, [s.d.]. v.1. [Coleção Documentos do Nosso Tempo].

DOSSIÊ. *A Revolução das Flores* - o governo provisório de Palma Carlos. Lisboa: Editorial Aster, [s.d.]. v.2. [Coleção Documentos do Nosso Tempo].

DOSSIÊ SEGUNDA. *República* (25/04/74-25/04/75). Lisboa: Edições Afrodite, 1976. v.1.

DOSSIÊ SEGUNDA. *República* (25/04/75-25/11/75). Lisboa: Edições Afrodite, 1976. v.2.

FRAZÃO, António; FILIPE, Maria do Céu Barata. *Arquivo do Conselho da Revolução* – Inventário. Lisboa: Instituto dos Arquivos Nacionais/Torre do Tombo, 1999. [Instrumentos de descrição documental, Ministério da Cultura].

MORAIS, João; VIOLANTE, Luís. *Contribuição para uma cronologia dos fatos econômicos e sociais* – Portugal 1926-1985. Lisboa: Livros Horizonte, 1986.

MOVIMENTO 25 DE ABRIL. Boletim informativo das Forças Armadas. Divisão do EMGFA. Lisboa: Quinta. [n.1 –09/09/1974-n.25 – 14/08/75]

NEVES, Orlando (Org.). *Textos históricos da revolução*. 2.ed. Lisboa: Diabril Editora, 1976a. v.1.

_____. (Org.). *A revolução em ruptura*. Lisboa: Diabril Editora, 1975. v.2. [Textos Históricos da Revolução]

_____. (Org.). *E agora que fazer?* Lisboa: Diabril Editora, 1976b. v.3. [Textos Históricos da Revolução]

PACAUT, Marcel; BOUJU, Paul M. *O mundo contemporâneo:* 1945-1975. Tradução de Maria do Rosário Quintela. Lisboa: Imprensa Universitária e Editorial Estampa, 1979.

PORTUGAL. Associação 25 de Abril. *Mapa de Portugal 1974 – Roteiro da Revolução*. Lisboa, [1999?].

RELATÓRIO DO 28 DE SETEMBRO DE 1974. Lisboa: Movimento das Forças Armadas, 1975. [Trabalho elaborado pela comissão *ad hoc* encarregada de investigar os acontecimentos de 28 de setembro de 1974].

RELATÓRIO DO 25 DE NOVEMBRO DE 1975. Editado por Martinho Simões. Lisboa: Ed. Abril, 1976. v.2. [Contém o texto integral do relatório oficial].

RELATÓRIO PRELIMINAR DO 11 DE MARÇO DE 1975. Lisboa: Movimento das Forças Armadas, 1975. [Relatório preliminar apresentado pela comissão de inquérito].

SALAZAR, Oliveira António de. *Discursos*. 3.ed. Coimbra: Coimbra Editora, 1939. v.1 [1928-1934].

_____. *Discursos e notas políticas*. 2.ed. Coimbra: Coimbra Editora, 1945. v.2 [1935-1937].

_____. *Discursos e notas políticas*. Coimbra: Coimbra Editora, 1943. v.3 [1938-1943].

_____. *Discursos e notas políticas*. Coimbra: Coimbra Editora, 1951. v.4 [1943-1950].

_____. *Discursos e notas políticas*. Coimbra: Coimbra Editora, 1959. v.5 [1951-1958].

_____. *Discursos e notas políticas*. Coimbra: Coimbra Editora, 1967. v.6 [1959-1966].

SANTOS, B.; CRUZEIRO, M. M.; COIMBRA, M. N. *O pulsar da revolução* – cronologia da revolução de 25 de abril (1973-1976). Porto: Edições Afrontamento e Centro de Documentação 25 de Abril da Universidade de Coimbra, 1997.

SECRETARIADO DA PROPAGANDA NACIONAL. *A revolução continua:* união nacional – mocidade – legião. Lisboa: Edições SPN, 1943.

Depoimentos

ALMEIDA, Diniz de (Coord.). *Eleições em abril* – diário de campanha. Lisboa: Liber, 1975.

_____. *Origens e evolução do movimento dos capitães*. Lisboa: Edições Sociais, 1977.

_____. *Ascensão, apogeu e queda do MFA*. Lisboa: Edições Sociais, 1978. v.1.

_____. *Ascensão, apogeu e queda do MFA*. Lisboa: Edição do Autor, [1978?]. v.2.

AFONSO, Aniceto. O movimento dos capitães em Moçambique: algumas considerações. *Revista de História das Ideias*, Coimbra, v.16, p.477-86, 1984.

CAETANO, Marcello. *Depoimento*. Rio de Janeiro: Record, 1975.

COSTA GOMES, Francisco da. *Sobre Portugal* – diálogos com Alexandre Manuel. Lisboa: A Regra do Jogo, 1979. [Contém longa entrevista].

_____. *Costa Gomes:* o último marechal. Entrevista de Maria Manuela Cruzeiro. 3.ed. Lisboa: Editorial Notícias, 1998. [Centro de documentação 25 de Abril – Arquivo de História Oral].

CUNHAL, Álvaro. *A Revolução Portuguesa* – o passado e o futuro (documentos políticos do PCP). Lisboa: Editorial Avante!, 1976.

GONÇALVES, Vasco. *Companheiro Vasco*. Porto: Editorial Inova, 1977.

LOURENÇO, Vasco. *MFA – rosto do povo*. Lisboa: Portugália, [1975?].

_____. Associação 25 de Abril, Lisboa, Portugal, 21 set 2001. 1 fita cassete (60 min.). Entrevista concedida a Claudio de Farias Augusto. [inédito]

MELO, Galvão de. *MFA – movimento revolucionário*. Lisboa: Portugália Editora, 1975.

_____. *Coragem de lutar*. Lisboa: [s.n.], 1976.

NOGUEIRA, Franco. *Um político confessa-se* (Diário: 1960-1968). 3.ed. Porto: Livraria e Editora Civilização, 1987.

OSÓRIO, Sanches. *O equívoco do 25 de abril*. Rio de Janeiro: Francisco Alves, 1975. [A visão de um ministro de Spínola, no II Governo Provisório, que é *obrigado* a renunciar com ele].

SÁ-CARNEIRO, Francisco. A única vez que a maioria me deu razão foi quando aceitou minha renúncia. In: SILVA PINTO (Coord.). *Ser ou não ser deputado*. Lisboa: Arcádia, 1973. p.7-41.

SARAIVA de CARVALHO, Otelo. *Cinco meses mudaram Portugal*. Lisboa: Portugália, 1975.

_____. *Alvorada em abril*. Lisboa: Livraria Bertrand, 1975b. [A visão do vencido.]

SOARES, Mário. *Portugal*: que revolução? – diálogo com Dominique Pouchin. Rio de Janeiro: Paz e Terra, 1976.

SPÍNOLA, António. *Portugal e o futuro – análise da conjuntura nacional*. Lisboa: Arcádia, 1974a. [Publicação que viabilizou a ascensão de Spínola à presidência da república devido às suas críticas à continuidade da guerra colonial].

_____. *Portugal e o futuro* – análise da conjuntura nacional. Rio de Janeiro: Nova Fronteira, 1974b.

_____. *Ao serviço de Portugal*. Lisboa: Ática e Livraria Bertrand, 1976.

FONTES SECUNDÁRIAS

ANDERSON, Perry. *Portugal e o fim do ultracolonialismo*. Tradução de Eduardo de Almeida. Rio de Janeiro: Civilização Brasileira, 1966.

ARRIAGA, Lopes. *Mocidade Portuguesa*: breve história de uma organização salazarista. Lisboa: Terra Livre, 1976.

AUGUSTO, Claudio de Farias. Revoluções: utopia e desilusão. In: TOURINHO, Carlos; D'ANGELO, Martha (Org.). *Utopia e resistência política*. Rio de Janeiro: Booklink/Niterói: Editora da UFF, 2008. p.25-50.

_____. *Portugal, 1974-1976*: entre o passado e o futuro. São Paulo, 2003. 300p. Tese (Doutorado em Ciência Política) – Faculdade de Filosofia, Letras e Ciências Humanas, Universidade de São Paulo.

_____. *Lisboa revisitada*: recordando a Revolução dos Cravos. Niterói: GCP/UFF, 1992. [Cadernos do ICHF n. 51].

CABRAL, Manuel Villaverde. Sobre o fascismo e o seu advento em Portugal: ensaio de interpretação a pretexto de alguns livros recentes. *Análise Social*. v.12, n. 48, p.873-915, 1976.

CANN, John P. *Contra-insurreição em África* – o modo português de fazer a guerra, 1961-1974. Tradução de Dinorah Ferreira e Ana Dias. São Pedro do Estoril: Edições Atena, 1998.

CARRILHO, Maria. *Forças Armadas e mudança política em Portugal no século XX* – para uma explicação sociológica do papel dos militares. Lisboa: Imprensa Nacional/Casa da Moeda, 1985.

_____. *Democracia e defesa* – sociedade, política e Forças Armadas em Portugal. Lisboa: Dom Quixote, 1994.

CEREZALES, Diego Palácios. *O poder caiu na rua* – a crise de Estado e ações coletivas na Revolução Portuguesa, 1974-1975. Lisboa: ICS/Universidade de Lisboa, 2003.

CERVELLÓ, Josep Sánchez. *A revolução portuguesa e a sua influência na transição espanhola (1961-1976)*. Lisboa: Assírio & Alvim, 1993.

CHILCOTE, Ronald H. *The portuguese revolution of 25 april 1974* – annoted bibliogfraphy on the antecedents and aftermath. Coimbra: Centro de Documentação 25 de abril da Universidade de Coimbra, 1987.

_____. *The portuguese revolution*: state and class in the transition to democracy. Lanham: Rowman & Littlefield, 2010.

CORREIA, Ramiro; SOLDADO, Pedro; MARUJO, João. *MFA e luta de classes*: subsídios para a compreensão do processo histórico português. Amadora: Biblioteca Ulmeiro, 1976.

DOMINGOS, Emídio da V. *Portugal político*: análise das instituições. Lisboa: Edições Rolim, 1980.

DAVIDSON, Basil. Panorama da insurreição angolana em 1961. In: *Paz e Terra*. Rio de Janeiro, v.4, n. 10, dez. 1969, p.227-38.

FERREIRA, José Medeiros. Os militares e o regime democrático – o MFA: uma intervenção militar singular. In: *A25A. Seminário 25 de Abril – 10 anos depois*. Lisboa: Fundação Calouste Gulbenkian, 1984.

_____. *Ensaio histórico sobre a Revolução do 25 de abril* – o período pré-constitucional. [1983] 2.ed. Lisboa: Alfa, 1990.

_____. *História de Portugal:* Portugal em transe (1974-1985). Lisboa: Editorial Estampa, 1994. v.8. [História de Portugal, direção de José Mattoso.]

_____. *O comportamento político dos militares* – forças armadas e regimes políticos em Portugal no século XX. Lisboa: Editorial Estampa, 1996.

FIELDS, Rona. *The Portuguese Revolution and the Armed Forces Movement*. New York: Praeger Publishers, 1975.

FIELDS, Rona. The Portuguese Revolution and the Armed Forces Movement. New York: Praeger Publishers, 1976. Resenha de: HENRIKSEN, Thomas H. *The Journal of Modern African Studies*. v.16, n. 3, p.509-11, set. 1978.

GEORGEL, Jacques. *O salazarismo*. Prefácio de Mário Soares. Tradução de Hélia Santos. Lisboa: Publicações Dom Quixote, 1985.

LINS, Álvaro. *Missão em Portugal*. Rio de Janeiro: Civilização Brasileira, 1960. v.1.

LUCENA, Manuel de. A herança de duas revoluções: continuidade e rupturas no Portugal post-salazarista. In: COELHO, Mário B. (Coord). *Portugal – o sistema político e constitucional (1974-1987)*. Lisboa: ICS/UL, 1989, p.505-55.

MACHADO, Fernando F.; FIRMINO, Nicolau. *Pequeno tratado de organização política, administrativa e religiosa da nação portuguesa*. Rio de Janeiro/Lisboa: Livraria H. Antunes/Acadêmica de D. Felipa, 1952.

MANUEL, Paul Christopher. *Uncertain outcome*: The politics of the portuguese transition to democracy. Ann Arbor: U.M.I., 1993; Lanham, New York, London: University Press of America, 1995.

MARTINS, G. d'Oliveira. *Portugal* – instituições e fatos. Lisboa: Imprensa Nacional/Casa da Moeda, 1991.

MAXWELL, Kenneth. A derrubada do regime e as perspectivas de transição democrática em Portugal. In: O'DONNELL et alli. *Transições do regime autoritário* – sul da Europa. Tradução de Adail U. Sobral. São Paulo: Vértice/Revista dos Tribunais, 1988, p.160-99.

_____. *A construção da democracia em Portugal*. Lisboa: Editorial Presença, 1999.

MESQUITA, Mário; REBELO, José (Org.). *O 25 de abril nos* media *internacionais*. Porto: Afrontamento, 1994.

OLIVEIRA, César. *O socialismo em Portugal 1859-1900*: contribuição para o estudo da filosofia política do socialismo em Portugal na segunda metade do século XIX. Porto: Apontamento, 1973.

_____. *MFA y revolución socialista*. Barcelona: Editorial Anagrama, 1975.

_____. Oliveira Salazar e a política externa portuguesa: 1932-1968. In: ROSAS, Fernando; BRITO, José M. B. de (Org.). *Salazar e o salazarismo*. Lisboa: Dom Quixote, 1989. p.71-99.

_____. *Portugal* – dos quatro cantos do mundo à Europa: a descolonização (1974-1976) – ensaio e documentos. Lisboa: Cosmos, 1996.

OLIVEIRA, C.; LOURENÇO e COELHO, E. P. *A crise da revolução*. Lisboa: Iniciativas, 1976.

OPELLO JÚNIOR, Walter C. Portugal's parliament: an organizational analysis of legislative performance. *Legislative Studies Quartely*, v.11, n. 3, p.291-317, ago. 1986.

PASCHKES, Maria Luisa de A. *A ditadura salazarista*. São Paulo: Brasiliense, 1985.

RODRIGUES, Avelino; BORGA, Cesário; CARDOSO, Mário. *O Movimento dos Capitães e o 25 de abril* – 229 dias para derrubar o fascismo. Lisboa: Moraes Editores, 1974.

_____. *Portugal depois de abril*. Lisboa: [s.n.], 1976.

_____. *Abril nos quartéis de novembro*. Lisboa: Livraria Bertrand, 1979.

RODRIGUES, Luís Nuno. *A Legião Portuguesa* – a milícia do Estado Novo (1936-1944). Lisboa: Estampa, 1966.

ROSA, Eugénio. *Portugal*: dois anos de revolução na economia. Lisboa: Diabril Editora, 1976.

SANTOS, Boaventura de Sousa. *O estado e a sociedade em Portugal (1974-1988)*. Porto: Edições Afrontamento, 1990.

SCHMITTER, Philippe C. *Portugal*: do autoritarismo à democracia. Tradução de Mariana Pardal Monteiro. Lisboa: ICS, Universidade de Lisboa, 1999.

SECCO, Lincoln. *A Revolução dos Cravos e a crise do império colonial português*. São Paulo: Alameda, 2004.

SILVA, A. E. Duarte. Salazar e a política colonial do Estado Novo: o Ato Colonial (1930-1951). In: ROSAS, Fernando; BRITO, José M. Brandão de (Org.). *Salazar e o salazarismo*. Lisboa: Dom Quixote, 1989. p.101-52.

VIEGAS, José Manuel L. *Nacionalizações e privatizações* – elites e cultura política na história recente de Portugal. Oeiras: Celta, 1996.

WESSELING, H. L. *Dividir para dominar* – a partilha da África (1880/1914). Rio de Janeiro: Editora UFRJ/Revan, 1998.

WOOLLACOTT, John. A luta pela libertação nacional na Guiné-Bissau e a revolução em Portugal In: *Análise Social*, v.29, n.77-79, p.1131-55, 1983.

Sobre Pensamento Político e Revolução

ARENDT, Hannah. *Sobre a revolução* [1963]. Tradução de I. Morais. Lisboa: Moraes Editores, 1971.

_____. *Entre o passado e o futuro* [1954]. Tradução de Mauro W. Barbosa de Almeida. São Paulo: Perspectiva, 1972.

DUVERGER, Maurice. *O regime semipresidencialista* [1978]. São Paulo: Editora Sumaré, 1993.

LAMPEDUSA, Tomasi di. *Il gatopardo* [1957]. Milano: Feltrinelli, 1990.

YOUNG-BRUEHL, Elisabeth. *Hannah Arendt – for love of the world*. New Haven and London: Yale University Press, 1982.

Coleção Revoluções do Século 20
Direção de Emília Viotti da Costa

A Revolução Alemã [1918-1923] – Isabel Loureiro

A Revolução Argelina – Mustafá Yazbek

A Revolução Boliviana – Everaldo de Oliveira Andrade

A Revolução Chilena – Peter Winn

A Revolução Chinesa – Wladimir Pomar (org.)

A Revolução Colombiana – Forrest Hylton

A Revolução Cubana – Luis Fernando Ayerbe

A Revolução Guatemalteca – Greg Grandin

A Revolução Iraniana – Osvaldo Coggiola

A Revolução Mexicana – Carlos Alberto Sampaio Barbosa

A Revolução Nicaraguense – Matilde Zimmermann

A Revolução Peruana – José Luis Rénique

A Revolução Portuguesa – Claudio de Farias Augusto

A Revolução Salvadorenha – Tommie Sue-Montgomery e Christine Wade

A Revolução Venezuelana – Gilberto Maringoni

A Revolução Vietnamita – Paulo Fagundes Visentini

As Revoluções Russas e o Socialismo Soviético – Daniel Aarão Reis Filho (org.)

SOBRE O LIVRO

Formato: 10,5 x 19 cm
Mancha: 18,8 x 42,5 paicas
Tipologia: Minion 10,5/12,9
Papel: Off-white 80 g/m^2 (miolo)
Cartão Supremo 250 g/m^2 (capa)
1ª edição: 2011
4ª reimpressão: 2020

EQUIPE DE REALIZAÇÃO

Assistência Editorial
Olivia Frade Zambone

Edição de Texto
Cícero Oliveira (Copidesque)
Beatriz Camacho (Preparação)
Rosani Andreani (Revisão)

Editoração Eletrônica
Eduardo Seiji Seki (Diagramação)

Projeto Visual (capa e miolo)
Ettore Bottini

Capa
Megaart

Foto da Capa
Revolução dos Cravos
Soldados do MFA são saudados pela multidão nas ruas de Lisboa dois dias depois do golpe de Estado de 25 de abril, que derrubou a ditadura
© Henry Bureau/Sygma/Corbis/Corbis (DC)/Latinstock

Impresso por :

gráfica e editora

Tel.:11 2769-9056

SOBRE O LIVRO

Formato: 10,5 x 19 cm
Mancha: 18,8 x 42,5 paicas
Tipologia: Minion 10,5/12,9
Papel: Off-white 80 g/m^2 (miolo)
Cartão Supremo 250 g/m^2 (capa)

1ª edição: 2015
4ª reimpressão: 2020

EQUIPE DE REALIZAÇÃO

Edição de texto
Gisele Silva (Copidesque)
Carmen T. S. Costa (Revisão)

Editoração eletrônica
Eduardo Seiji Seki (Diagramação)

Projeto visual
Ettore Bottini (capa e miolo)

Capa
Megaart Design

Assistência editorial
Jennifer Rangel de França